权威·前沿·原创

**皮书系列为
"十二五""十三五"国家重点图书出版规划项目**

中国森林小镇发展报告
（2018）

ANNUAL REPORT ON DEVELOPMENT OF FOREST TOWN IN CHINA (2018)

主 编／庞 波 倪建伟

图书在版编目(CIP)数据

中国森林小镇发展报告.2018/庞波,倪建伟主编.--北京:社会科学文献出版社,2018.5
(森林小镇蓝皮书)
ISBN 978-7-5201-2657-1

Ⅰ.①中… Ⅱ.①庞…②倪… Ⅲ.①小城镇-城市建设-研究报告-中国 Ⅳ.①F299.21

中国版本图书馆CIP数据核字(2018)第073074号

森林小镇蓝皮书
中国森林小镇发展报告(2018)

主　编 / 庞　波　倪建伟

出 版 人 / 谢寿光
项目统筹 / 任文武
责任编辑 / 王玉霞

出　　版 / 社会科学文献出版社·区域发展出版中心 (010) 59367143
　　　　　 地址:北京市北三环中路甲29号院华龙大厦　邮编:100029
　　　　　 网址:www.ssap.com.cn

发　　行 / 市场营销中心 (010) 59367081　59367018
印　　装 / 三河市东方印刷有限公司

规　　格 / 开本:787mm×1092mm　1/16
　　　　　 印张:14.5　字数:200千字
版　　次 / 2018年5月第1版　2018年5月第1次印刷
书　　号 / ISBN 978-7-5201-2657-1
定　　价 / 98.00元

皮书序列号 / PSN B-2018-707-1/1

本书如有印装质量问题,请与读者服务中心(010-59367028)联系

▲ 版权所有 翻印必究

全国"森林小镇"评价体系及发展指数研究课题组学术委员会委员

（按姓氏笔划排列）

王小林　　国务院扶贫办信息中心副主任
王红玲（女）　全国政协委员、湖北省政协副主席、教授
王景新　　发展中国论坛副主席、研究员
王瑞璞　　发展中国论坛主席、中共中央党校校委原委员、教授
兰思仁　　福建农林大学校长、教授
包建华（女）　四川省林业厅副厅长、四川省绿化委员会办公室主任
叶　文　　西南林业大学旅游学院院长、教授
叶　青　　湖北省统计局副局长
史好泉　　山东省政协常委、德州市政协原主席
刘春延　　国家林业局国有林场和林木种苗工作总站副总站长
朱　欣　　四川省巴中市委党校（行政学院）副校（院）长
朱健梅（女）　西南交通大学副校长、教授
何马招　　德国中小企业联合会（HS）驻上海办事处主任
何允辉　　浙江省义乌市何斯路村党委书记
吴殿廷　　北京师范大学地理学与遥感科学学院教授
张　升　　国家林业局经济发展研究中心改革研究室主任、研究员

张占斌	国家行政学院经济学部主任、一级教授
	国家行政学院新型城镇化研究中心主任
张玉钧	北京林业大学园林学院教授
张高陵	中国集团公司促进会执行副会长、研究员
李兵弟	中国城镇化促进会副主席
	住建部村镇建设司原司长、教授级高级城市规划师
李晓文	北京师范大学生态研究所教授
杨　彬	汉富控股有限公司副总裁、汉富蓝城小镇开发有限公司董事长
杨　超	国家林业局国有林场和林木种苗工作总站总站长
	国家林业局国家森林公园和森林旅游管理办公室主任
杨晓敏	国信招标集团国信研究院副院长、财政部PPP专家
肖文发	中国林业科学研究院副院长、研究员
苏永清	内蒙古鄂尔多斯市委党校（行政学院）副校（院）长
陈庆辉	广东省绿化委员会办公室主任
	广东省林业厅森林城市建设办公室常务副主任
陈丽丽（女）	华南农业大学林学与风景园林学院副教授
陈秋华	福建农林大学旅游学院院长、教授
宋彩虹（女）	中国市场经济研究会学术研究部副主任
庞　波	发展中国论坛秘书长、研究员
武弘麟	北京大学城市环境学院教授
林俊钦	广东省林业厅副巡视员、广东省林业厅森林城市建设办公室主任
俞益武	浙江农林大学风景园林与建筑学院教授
柏晶伟（女）	国务院发展研究中心《中国经济报告》总编辑
贺军伟	农业部产业政策与法规司副司长、研究员
战国强	广东省岭南综合勘察设计院院长、教授级高工
赵竹村	中国农业大学党委统战部部长

赵福昌	中国财政科学研究院财政与国家治理研究中心主任、研究员
钟永德	中南林业科技大学旅游学院院长、教授
倪建伟	发展中国论坛学术委员会委员、浙江财经大学教授
党国英	中国社会科学院农村发展研究所研究员
徐小青	国务院发展研究中心农村经济研究部原部长、研究员
郭兆晖	中共中央党校经济学部副教授
廖宏斌	西南财经大学公共管理学院院长、教授
慕长龙	四川省林业科学研究院副院长、研究员

主要编撰者简介

庞　波　博士、研究员。生于1974年，四川巴中人。现任发展中国论坛秘书长，兼任中国市场经济研究会常务理事，中国城市临空经济研究中心理事，第十二届四川省青年联合会委员、第十三届四川省青年联合会常委，第二届政协巴中市委员会委员、第三届政协巴中市委员会特邀代表。主要从事县域经济、新型城镇化、党建理论研究，先后出版《城乡统筹的成都实践与探索》（中共中央党校出版社，2010年1月版）、《就近城镇化研究》（中国社会科学出版社，2015年4月第1版，2017年11月第2版）、《就近城镇化再研究》（中国社会科学出版社，2017年11月第1版）；发表《关于基层党组织公推直选几个问题研究》、《又好又快推进城镇化和义务教育均衡发展》等文章20多篇。

倪建伟　生于1981年，浙江杭州人。现任浙江财经大学城市发展与管理系党支部书记，城市治理创新研究中心研究员，公共管理学院教授、博士、硕士生导师，重点学科方向带头人，浙江省151人才。曾任中国（海南）改革发展研究院公共政策研究所所长助理，兼任发展中国论坛学术委员会委员、全国森林小镇发展指数专家委员、民进开明智库专家委员等。长期从事区域经济、城乡发展与公共政策研究。主持国家社会科学规划基金课题2项，主持省部级课题12项，参与完成中央机构编制委员会办公室、国家发展和改革委员会、国家邮政局、铁道部等省部级课题12项；出版专著1部；在《经济社会体制比较》、《中国软科学》、《农业经济问题》等核心期刊发表论文 20 多篇，其中《中国社会科学文摘》转载 3 篇、人大复印资料转载 3 篇；在《人民日报》、《光明日报》、《中国社会科学报》、《学习时报》、《农民日报》等国家级报刊发表文章 20 余篇；独立荣获浙江省哲学社会科学成果奖三等奖 2 次；撰写的研究报告获省部级领导批示 11 次、厅局级领导批示 3 次。

摘　要

　　森林小镇作为中国特色小镇建设的重要类型和特殊形式，是在乡村小城镇发展和农民就地就近城镇化过程中兴起的，其以森林资源为依托，以生态发展为导向，注重人与自然协调，已经并将进一步成为人们逃离以雾霾普增、交通拥堵为典型特征的"城市病"的重要选择，成为集宜居、宜业、宜游、宜养功能于一体的现代品质生活的理想选择。本书以"两山理论"为指引，通过对浙江、广东、江西、吉林、广西5个省（区）19个森林小镇的实地调研，以及对"全国最美森林小镇100例"的征集，形成了对全国森林小镇建设发展历程、路径、成效与经验的总体把握，发现了当前推进森林小镇建设的区域差异、阶段差异及面临的不同现实困境与难题，提出了森林小镇发展的未来趋势、基本思路与具体策略选择，以期为中国特色新型城镇化道路和乡村振兴提供有益的实践参考。

目 录

Ⅰ 总报告

B.1 2017~2018年中国森林小镇发展报告 …………………… 001

Ⅱ 调研报告

B.2 "两山理论"发源地的森林小镇建设
　　——浙江省安吉县的调查 …………………… 032
B.3 探索乡村振兴及绿色发展之路
　　——广东省的调查 …………………… 049
B.4 村域"森林小镇"建设实践
　　——浙江省义乌市何斯路村的调查 …………………… 084
B.5 国有林场改革先行区的森林小镇建设
　　——江西省的调查 …………………… 102
B.6 东北大林区的森林小镇建设
　　——吉林省的调查 …………………… 121
B.7 西南边境革命老区的森林小镇建设
　　——广西壮族自治区的调查 …………………… 138

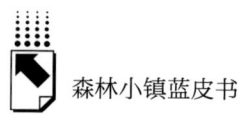
森林小镇蓝皮书

Ⅲ 典型案例

B.8 深圳盐田：梅沙生态旅游型森林小镇 …………………… 158

B.9 广东江门：大田生态旅游型森林小镇 ……………………… 163

B.10 山东德州：德百生态旅游型森林小镇 …………………… 167

B.11 山西晋城：横河养生慢享型森林小镇 …………………… 172

B.12 四川广元：天曌山森林康养型森林小镇 ………………… 182

B.13 广东广州：派潭生态旅游型森林小镇 …………………… 186

B.14 四川攀枝花：平地生态康养型森林小镇 ………………… 191

B.15 四川眉山：瓦屋山森林康养型森林小镇 ………………… 196

Abstract …………………………………………………………… 201

Contents …………………………………………………………… 202

总报告

General Report

B.1 2017~2018年中国森林小镇发展报告[*]

摘　要： 森林小镇以森林资源为依托，以生态发展为导向，注重人与自然协调，已经成为人们逃离以雾霾普增、交通拥堵为典型特征的"城市病"的重要选择。2017年，森林小镇建设处于转型升级的关键转折点，从部分先行地区的探索行动到整个国家层面的全面实践，实现了"破茧而出"的"华丽转身"，越来越受到全社会的关注。客观来看，中国森林小镇的进一步发展仍面临诸多问题与挑战，集中表现为森林多重功能尚未有效发挥、森林特色凝练与打造有待加强、与林场改革结合度不够、土地制度难以适应林区或泛林区建

---

[*] 本报告执笔：倪建伟、周朝伟、冯梦霞、刘聪聪、武冕、徐庭芳。

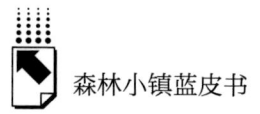

设用地需求、人力资源与人才缺乏无法适应森林小镇建设需求等。因此建议，2018年，森林小镇建设应紧紧围绕"美丽中国"建设的战略目标，在国家和区域总体指导安排下，充分考量如何破解人民日益增长的美好生活需要和不平衡不充分发展之间的矛盾，充分发挥各地建设的积极性和主动性，充分发挥市场对资源配置的决定性作用，充分发挥社会成员参与建设的重要作用，高标准定位，高起点规划，高质量建设，重点做好生命、生态、生产、生活和文化五个维度的建设，形成森林特质更加明显、森林功能更加多元、森林作用更加重要、森林生活更加可期的发展态势。

关键词： 森林小镇　生态建设　特色产业

　　特色小镇是在中国经济发展新常态下发展模式的有益探索，是新型城镇化道路的有益探索，是推进供给侧结构性改革的有益探索，是破解经济结构转化和动力转换现实难题的有益探索。森林小镇作为中国特色小镇建设的重要类型和特殊形式，是在乡村小城镇发展和农民就地就近城镇化的过程中兴起的，其以森林资源为依托，以生态发展为导向，注重人与自然协调，已经并将进一步成为人们逃离以雾霾普增、交通拥堵为典型特征的"城市病"的重要选择。在此背景下，近年来特别是2017年森林小镇建设受到越来越多的关注，从部分先行地区到整个国家层面陆续正式启动了森林小镇建设，并取得一定成效。

一 中国森林小镇建设的概况

森林小镇是森林资源丰富、森林特质显著,以绿色做底色、产业绘彩色、文化添成色的"产、城、人、文"有机融合的创新创业平台。森林小镇以林区为主,兼及市郊镇、市中镇、园中镇、镇中镇等多种类型的地域空间。森林小镇以宜居、宜养、宜游为目标,是一个更加富有亲和力和想象力的地方,是一个让人们更加向往和追求的地方,是一个更具包容性、更能够体现人与自然和谐发展的地方。

专栏1-1

森林小镇的内涵界定

国家林业局:森林特色小镇是指在森林资源丰富、生态环境良好的国有林场和国有林区林业局的场部、局址、工区等适宜地点,重点利用老旧场址工区、场房民居,通过科学规划设计、合理布局,建设接待设施齐全、基础设施完备、服务功能完善,以提供森林观光游览、休闲度假、运动养生等生态产品与生态服务为主要特色的,融合产业、文化、旅游、社区功能的创新发展平台。

浙江:森林特色小镇是指由乡镇或社区、省级以上森林公园等创建的,依托森林资源和生态优势,以林业特色产业为基础,重点发展森林休闲养生业,兼顾历史经典产业,实施三产融合发展的创新创业平台。

广东:森林小镇是指在镇域范围内,具有丰富的森林、绿地、湿地资源,优美的生态景观和有特色的生态文化,生产、生活、生态空间均衡,绿色发展统筹协调,生态服务均等化水平较高,且各项指标达到建设标准,并经批准授牌的建制镇。

四川：森林小镇是指森林、湿地、绿地等生态资源丰富，自然景观优美，生态品质良好，生态服务功能较强，宜居宜游宜养的镇、乡或社区。

资料来源：调研组整理。

（一）第一阶段：森林生态化发展理念孕育阶段（2005年8月至2012年10月）

2005年8月，时任浙江省委书记的习近平同志在浙江湖州安吉考察时，提出了"绿水青山就是金山银山"的科学论断，强调"生态环境优势转化为生态农业、生态工业、生态旅游等生态经济的优势，那么绿水青山也就变成了金山银山"。这是新时期森林生态化发展理念的重要体现。

与此同时，不少地方在实践层面积极开展各种森林资源保护与开发工作，在确立生态发展理念上取得了明显成效。有"中国生态环境第一县"美誉的浙江省丽水市庆元县于2005年开始实施了一项旨在培育生态理念与生态文化的创新性举措，即县委、县人大、县政府、县政协每年以植树的方式迎接新年上班的第一天，服务于"万亩绿化造林""彩色、健康、珍贵森林""美丽林相"等生态工程，开展多种形式的城乡山体绿化、村庄绿化、道路绿化、河道绿化、庭园绿化，让庆元的生态优势早日转化为经济优势，让林业推动绿色发展的理念慢慢植入全县人民心中。

（二）第二阶段：森林小镇散点式倡导阶段（2012年11月至2015年9月）

中国共产党第十八次全国代表大会首次单篇论述"生态文明"，并提出要"推进绿色发展、循环发展、低碳发展"，强调把生态文明专题放在突出地位，融入经济、政治、文化、社会建设的各方面和全过程，倡导建设"美丽中国"。"美丽中国"包含生态之美、发展之美、治理之美、文化之美与和谐之美，最基础的在于生态之美。

各地在积极推进生态城市、花园城市、田园城市、园林城市、森林城市以及美丽乡村建设的同时，"森林小镇"作为一个新生事物搭载着森林公园、森林城市建设的"高速列车"开始崭露头角，形成了森林小镇散点式发展的态势。

1. 吉林二道白河镇森林小镇

二道白河镇被誉为长白山第一镇，整个镇上都被林区包围，森林覆盖率高达94%（2013年），是名副其实的森林小镇。以森林、河流为主线，独特的地理位置和丰富的自然资源，加上实行统一规划、统一保护、统一开发、统一管理，小镇经济社会面貌得到了极大改善，并于2014年制定了《长白山二道白河镇生态小镇建设标准体系》，更有效保障了小镇的可持续发展。

2. 山东大沽河森林小镇

2013年，为服务于山东省青岛市创建国家森林城市，郊区主要实施了万亩林场建设、大沽河治理、封山育林、采石坑恢复、湿地保护、林业园区建设、种苗基地建设、生态文化教育基地建设八大工程。其中，大沽河将按照湿地林地系统专项规划，两侧将建设各200米的生态基干林带，3~5公里范围内，道路、水系、村庄建设宽度不小于50米的防护林带，形成森林小城镇框架。

3. 河北"荷花之乡"特色的"森林小镇"

河北省香河县刘宋镇按照保护现有园林"促绿"、依托"荷花景观"建设"借绿"、借助环境卫生综合治理"扩绿"、发展附属绿地"补绿"的工作思路，确定了"前2年抓点成线打出荷香品牌、中间3年延伸扩面产生影响、后3年完善提升全国领先"的创建步

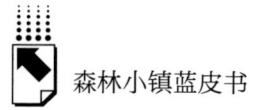

骤，围绕保护生态环境建设，从镇情实际出发，坚持生态优先，推进节能减排，大力发展生态产业，将保护生态与经济发展相结合，积极探索绿色崛起之路。截至2013年，全镇共植树11万多株，栽植水杉、美国红枫、早园竹、红瑞木、垂柳等景观树木1.5万余株，在刘宋、庆功台、程官屯等村街附近已种植荷花近8000亩，全镇绿化率达到28%，初步形成了以镇村大环境绿化为基调，以荷花景观为特色，以道路绿地为网络，以单位庭院和农家居住区绿地为补充的点、线、面结合的小城镇绿化系统格局。下一步，香河县继续扩大荷花种植面积，形成万亩荷花种植规模，同时结合绿化建设，打造生态经济高地，努力把刘宋镇建成具有"荷花之乡"特色的"森林小镇"。

4. 湖北太子山森林小镇

2014年湖北省太子山林场管理局启动太子山"森林小镇"建设工作。太子山林场地处大洪山南麓的江汉平原北缘过渡地带，位于荆门市京山县西南部，与中国农谷屈家岭毗邻。林场有林地面积9万亩，总蓄积量45.5万立方米，森林覆盖率为85%，被誉为江汉平原的"绿色明珠"、"天然氧吧"和"农谷绿肺"，是国家级森林公园和生态文明教育基地。丰富的森林资源、天然且独特的生态环境、可圈可点的产业优势、四通八达的交通网络，使其具备了建成以"读书、运动、养生"为特色的"宜居、宜业、宜游"目的地。

（三）第三阶段：森林小镇省域整体推进阶段（2015年10月至2017年6月）

伴随着"绿水青山就是金山银山"发展理念的不断深入和"美丽中国"建设进程的不断推进，各地在散点式建设森林小镇的基础上，逐渐形成了以省域为单位整体推进森林小镇建设的良好态势，集中表现为东部沿海发达省份、森林资源丰富省份以及林场林区改革先进省份。

1. 浙江推出森林特色小镇与森林人家建设

"森林特色小镇"源于浙江省委省政府2015年提出的"特色小镇"建设战略构想，即计划在全省创建100个省级特色小镇。浙江倡导的特色小镇既非简单地以业兴城，也非以城兴业，既非行政概念，也非工业园区概念，而是相对独立于市区，具有明确产业定位、文化内涵、旅游资源和一定社区功能的平台。

基于此，浙江省林业厅结合建设全国现代林业经济发展实验区的战略部署，于2015年10月出台了《关于推进森林特色小镇和森林人家建设的指导意见》，明确森林特色小镇、森林人家建设的产业定位，主要以提升木业、竹业、花卉苗木、森林食品等林业特色产业为基础，重点发展森林休闲养生新兴产业，兼顾木艺、竹艺等具有地方特色的历史经典产业。还提出通过3年时间建设20个森林特色小镇、100个森林人家。其中，综合性小镇年林业总产值将超过5亿元，林业产值占当地总产值的50%以上；以森林休闲养生为特色的小镇年林业总产值超过2亿元；以涉林历史经典产业为特色的小镇年林业总产值超过1亿元。

（1）浙江森林小镇建设以系统性制度设计为支撑。浙江森林小镇建设直接相关的制度政策就包括浙江省委、省政府《关于加快推进林业改革发展全面实施五年绿化平原水乡十年建成森林浙江的意见》（浙委发〔2014〕26号）、省政府《关于加快特色小镇规划建设的指导意见》（浙政发〔2015〕8号）、《浙江森林休闲养生区建设指导意见》（浙林产〔2015〕8号）、《浙江省林业厅关于进一步简化林地审批强化林地监管工作的通知》（浙林资〔2014〕89号）、《浙江省国土资源厅等9部门关于开展"坡地村镇"建设用地试点工作的通知》（浙土资发〔2015〕13号）等，为森林小镇建设的有序推进提供强有力的制度性支撑。

(2) 浙江森林小镇建设是立足森林特色的全方位创新发展。依据现代林业经济发展理念,立足森林资源和生态优势,以林业特色产业为基础、以森林文化为主线、以森林休闲养生为重点,坚持文化传承与产业提升并重、创新发展与产业融合并举,因地制宜,优化产业空间布局,创新经营体制机制,加大政策扶持,促进要素集聚,推动林业三产融合,将森林特色小镇、森林人家打造成为浙江省现代林业经济增长新高地、产业升级新载体、要素集聚新平台、森林休闲养生新业态、促进农民增收新样板。

(3) 浙江森林小镇建设以创建为方式形成快速发展的态势。2016 年 3 月,浙江省林业厅公布了第一批森林特色小镇创建名单以及森林人家特色村命名名单和培育名单,其中创建森林特色小镇 27 个。2017 年 2 月,浙江省林业厅公布了第二批森林特色小镇创建名单和森林人家特色村命名名单,其中创建森林特色小镇 25 个。两期共创建森林特色小镇 52 个,远远超过浙江省林业厅《关于推进森林特色小镇和森林人家建设的指导意见》中提出的 3 年时间培育建设 20 个左右森林特色小镇的数量规划。

专栏 1-2

浙江省第一批森林特色小镇创建名单

临安　岛石山核桃小镇

宁海　胡陈森林旅游休闲小镇

乐清　龙西铁皮石斛小镇

永嘉　鹤盛森林养生小镇

长兴　龙山森林养生小镇

安吉　天荒坪"两山"示范小镇　山川森林休闲小镇
　　　上墅森林慢旅小镇　章村森林氧吧小镇

柯桥　漓渚花木小镇

诸暨　赵家香榧小镇
金东　澧浦苗木小镇　曹宅花木盆景小镇
东阳　虎鹿香榧小镇
武义　新宅森林休闲养生小镇
磐安　尖山森林旅游休闲小镇
常山　芳村油茶小镇
天台　泳溪森林休闲养生小镇　雷峰森林休闲养生小镇
　　　街头森林旅游小镇　南屏森林旅游小镇
仙居　淡竹森林休闲养生小镇
丽水　白云森林休闲养生小镇
龙泉　兰巨森林休闲养生小镇
云和　崇头梯田湿地休闲小镇
庆元　百山祖森林休闲养生小镇
遂昌　三仁畲乡笋竹小镇

资料来源：课题组浙江省林业厅调研。

专栏 1-3

浙江省第二批森林小镇拟创建名单

余杭　鸬鸟森林休闲小镇　中泰竹艺小镇
桐庐　莪山畲乡竹业小镇　分水森林旅游休闲小镇
淳安　临岐林下经济小镇
泰顺　竹里畲乡竹风情小镇
文成　铜铃山森林旅游休闲小镇
德清　莫干山森林休闲养生小镇
长兴　小浦森林旅游休闲小镇　林城花木小镇
安吉　鄣吴竹艺小镇　报福森林休闲养生小镇
上虞　岭南森林休闲养生小镇

诸暨　东白湖森林旅游休闲小镇　马剑森林旅游休闲小镇
柯城　九华森林旅游休闲小镇
龙游　庙下竹业小镇
江山　塘源口猕猴桃小镇
黄岩　屿头森林休闲养生小镇　富山森林旅游休闲小镇
龙泉　宝溪森林旅游休闲小镇
青田　章村油茶小镇
景宁　东坑森林休闲养生小镇
缙云　三溪森林旅游休闲小镇
云和　紧水滩森林旅游休闲小镇

资料来源：课题组浙江省林业厅调研。

2. 广东推出森林小镇(示范镇)建设

2016年12月，广东省林业厅发布《关于批准广东省森林小镇示范镇通知》，批准广州增城派潭镇、深圳大鹏南澳街道、珠海金湾三灶镇、佛山三水南山镇、东莞清溪镇、中山东凤镇、惠州博罗横河镇、江门恩平那吉镇、肇庆鼎湖凤凰镇、汕头南澳后宅镇、梅州平远上举镇、茂名信宜钱排镇等首批12个镇为广东省森林小镇示范镇，标志着广东森林小镇建设工作全面启动。

广东省林业厅认为，森林小镇建设是广东森林城市建设的延伸，也是珠三角国家森林城市群建设的重要抓手；广东森林小镇建设将主动适应森林城市建设向城镇和乡村延伸的趋势，满足民众的生态需求，兼顾融合森林、绿地、湿地资源，统筹城镇和乡村生态建设，筑牢镇域基础生态空间，实现镇域经济、社会、生态、文化协调永续发展。

为进一步强化规划引领与标准指引，2017年6月1日广东省林业厅发布《关于大力推进森林小镇建设的意见》（粤林〔2017〕75号），旨在贯彻落实中央关于大力发展森林城市、建设森林小镇的决策部署，落实《广东省人民政府、国家林业局率先建设全国绿色生态省合作框架协议》有关要求，特别是促进《珠三角国家森林城市群建设规划》的有效实施，"推进森林小镇建设，丰富森林城市群建设层次"。广东森林小镇建设强调围绕"四个坚持、三个支撑、两个走在前列"的要求，突出建制镇及街道的主体作用。并且根据广东自身发展特性，文件将森林小镇建设分为休闲宜居型、生态旅游型和岭南水乡型三种主要类型，强化不同小镇类型的差异化功能。"十三五"期间，广东将建成200个森林小镇，其中，2016~2018年建成60个森林小镇，2019~2020年建成140个森林小镇。珠三角地区森林小镇数量要达到建制镇总数的50%以上。为此，广东各地积极响应推进森林小镇建设。比如，中山市提出力争在2020年实现打造"全域森林小镇"的目标。

同时，广东省森林小镇建设注重指标指引，发布了《广东省森林小镇评价指数》，分为所有小镇都必须满足的通用指标和不同类型小镇需要满足的特色指标。其中，通用指标包括森林覆盖率、新增造林绿化面积、生态公益林比例、镇区绿化覆盖率、休闲游憩绿地建设、乡村绿化率、水岸林木绿化率、义务植树尽责率、重大案件数、科普宣传、古树名木保护率、资金投入比例等12项；特色指标各有两个，其中休闲宜居型是街道绿化率和人均公园绿地面积，生态旅游型是生态旅游场所和生态旅游配套设施，岭南水乡型是自然湿地保护率和湿地公园个数。这一指标体系的建立为森林小镇建设提供了较为明确的标准指引。

专栏1-4

广东省森林小镇建设的三种类型

休闲宜居型森林小镇。依托城镇建成区内的森林绿地，以满足城乡居民日常休闲、健身锻炼、文化娱乐等需求为目标，通过增加休闲

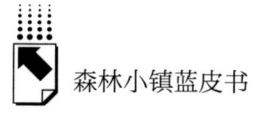

游憩绿地、改善街道绿化、整治生态环境等手段，建设人居生态环境绿色、清新、舒适的休闲宜居型森林小镇。

生态旅游型森林小镇。依托丰富的生态旅游资源，以促进城镇绿色发展、壮大森林生态旅游为目标，通过提高生态旅游场所建设水平、完善旅游配套设施、加强生态文化宣传教育等手段，建设具有历史文化价值、优良生态景观和市场吸引力的生态旅游型森林小镇。

岭南水乡型森林小镇。依托城镇乡村的河湖水系等湿地景观环境，以保护岭南独特水乡风貌、重构绿色生态水网为目标，通过湿地资源保护恢复、水网河岸绿化、水体疏浚整治、湿地群落建设等手段，建设具有独特乡土情怀、人文气息、文化特色的岭南水乡型森林小镇。

资料来源：广东省林业厅：《关于大力推进森林小镇建设的意见》，2017年6月1日。

3. 四川推出森林小镇建设

2017年6月16日，四川省绿化委员会和四川省林业厅联合发布《四川省森林小镇建设工作方案》，强调为贯彻落实省委省政府关于大规模绿化全川的决策部署，落实省政府《大规模绿化全川行动方案》（川办发〔2016〕73号）和《四川省人民政府办公厅关于加快推进森林城市建设的意见》（川办函〔2017〕122号），决定开展森林小镇建设工作。四川省将坚持因地制宜、以民为本和共建共享的基本原则，根据森林、湿地、绿地等生态资源禀赋，结合自然地理条件、历史文化特征，重点创建生态旅游型、森林康养型、森林文化型和生态保护型四种类型的森林小镇。

为明确森林小镇建设要求，四川省制定了森林小镇创建指标，涉及定量指标、定性指标和其他指标三类。其中定量指标包括分区域的森林覆盖率、绿化覆盖率与绿化率、森林生态系统、植树造林、资源保护和森林文化六个方面；定性指标包括组织领导和基础设施两个方面；其他指标为一票否决指标，即近3年有诸如重大以上造林绿化质量和责任事故，重大以上违法侵占林地、绿地、湿地事件，重大以上盗伐、滥伐林木事件等情况之一者不得申报。

创建过程中，四川省除强调加强组织领导和科学规划引领外，注重创新建设机制，重点是积极探索运用政府和社会资本合作（PPP）、政府购买服务、政策性贷款等办法，引导社会资本、金融资本积极参与，形成多元化的投融资机制。

专栏1-5

四川省森林小镇建设的四种类型

生态旅游型。依托森林、湿地资源以及花、果、叶等森林景观资源，为城乡居民提供生态游憩、森林体验等活动，建设生态环境优良、基础设施健全、生态服务功能强的森林小镇。

森林康养型。依托森林等生态资源，充分挖掘森林康养功能，以满足城乡居民绿色生态健康需求为目的，建设康养服务环境优良、产品与服务体系相对完善、具有明显市场感召力的森林小镇。

森林文化型。依托森林、湿地、野生动植物等自然资源和木竹雕刻、家具制作、竹编竹画、民俗宗教等人文资源，建设具有人文气息、人与自然和谐的森林小镇。

生态保护型。依托自然保护区、自然保护小区、国有林场、森林公园等载体，以开展生态公益宣传教育为主，通过保护和恢复森林、湿地资源，建设具有森林生态系统典型性、生态效益和社会效益显著的森林小镇。

资料来源：四川省绿化委员会、四川省林业厅：《四川省森林小镇建设工作方案》，2017年6月16日。

专栏1-6

四川省森林小镇建设的一票否决指标（9个）

①发生重大以上（含重大，下同）造林绿化质量和责任事故；

②发生重大以上违法侵占林地、绿地、湿地事件；

③发生重大以上盗伐、滥伐林木事件；

④发生重大涉农林地林木经营纠纷；

⑤发生重大以上滥捕滥猎野生动物、滥采滥挖野生植物事件；

⑥发生较大以上森林火灾；

⑦发生破坏古树名木恶性事件；

⑧发生重大以上林业有害生物灾害；

⑨发生盲目引种造成有害生物入侵恶性事件。

资料来源：四川省绿化委员会、四川省林业厅：《四川省森林小镇建设工作方案》，2017年6月16日。

（四）第四阶段：以国有林场和国有林区为重点的国家试点推进阶段（2017年7月至今）

2017年7月4日国家林业局办公室发布《关于开展森林特色小镇建设试点工作的通知》（办场字〔2017〕110号），决定有针对性地在"国有林场"和"国有林区"开展森林特色小镇建设试点工作，有别于各地村落、乡镇、街道或林场林区等多种载体。该通知强调，森林特色小镇建设试点旨在贯彻落实《国有林区改革指导意见》（中发〔2015〕6号）精神，深入推进国有林场和国有林区改革及林业供给侧结构性改革，推动林业发展模式由以利用森林获取经济利益为主向以保护森林提供生态服务为主转变，提高森林观光游览、休闲度假、运动养生等生态产品供给能力和服务水平，不断满足人民群众日益迫切的生态福祉需求，大力提升林业在国民经济发展中的战略地位，凸显国家林业局对国有林场和国有林区改革发展的高度重视和历史使命。

与此同时，在国家试点和先行地区引领的外部环境下，在区域自身发展现实需求的内生动力作用下，以省域为单位的森林特色小镇建设更加如火如荼。

1. 广东

广东各地大力推进森林小镇建设工作，并按要求积极向省林业厅上报认定"广东省森林小镇"称号的申报材料。为做好森林小镇省级核验工作，根据森林小镇建设工作方案，广东省林业厅制定了《2017年广东省森林小镇省级核验工作方案》及《广东省森林小镇评价指标审查核验办法和标准（试行）》，成立了省级核验组，负责森林小镇省级核验工作。于9月12日至9月18日派出5个核验小组，采取材料审核、实地核验和集中核定相结合的办法，对申报广东省森林小镇的镇（街道）进行省级核验，并按照《广东省森林小镇认定评分表（试行）》集中评分。根据评分结果，省级核验组提出拟认定的"广东省森林小镇"名单。经征求省发展改革委、财政厅、住房城乡建设厅意见，9月29日，广东省林业厅发布《关于公布2017年广东省森林小镇名单的通知》（粤林〔2017〕139号），决定认定广州市增城区派潭镇、深圳市盐田区梅沙街道等38个镇（街道）为"广东省森林小镇"。需要说明的是，2016年底认定的12个广东省森林小镇示范镇亦在其中。

专栏1-7

2017年广东省森林小镇名单

广州市　增城区派潭镇　增城区正果镇
　　　　花都区梯面镇　南沙区黄阁镇
深圳市　盐田区梅沙街道　大鹏新区南澳办事处

珠海市	金湾区三灶镇
汕头市	南澳县后宅镇
佛山市	高明区明城镇　三水区南山镇
韶关市	乐昌市九峰镇　南雄市帽子峰镇　始兴县深度水瑶族乡
河源市	东源县康禾镇
梅州市	梅江区金山街道　梅县区石扇镇　平远县上举镇
惠州市	博罗县横河镇　龙门县蓝田瑶族乡
东莞市	东城街道　道滘镇　清溪镇
中山市	南朗镇　板芙镇　古镇镇　南头镇
江门市	恩平市那吉镇　恩平市大田镇
	台山市川岛镇　新会区崖门镇
阳江市	阳东区东平镇　阳春市春湾镇
茂名市	信宜市钱排镇　高州市根子镇
肇庆市	鼎湖区凤凰镇
潮州市	潮安区文祠镇　饶平县上饶镇　潮安区赤凤镇

资料来源：广东省林业厅：《关于公布2017年广东省森林小镇名单的通知》，2017年9月29日。

2. 四川

四川省绿化委员会和四川省林业厅根据此前发布的四川省级森林小镇认定标准（主要涵盖森林覆盖率、绿化覆盖率与绿化率、森林生态系统、植树造林、资源保护、森林文化六大指标），在县（市、区）、市（州）逐级申报和分级核实的基础上，按照"公开、公平、公正"的原则，组织有关专家进行检查验收和综合评选，并于2017年10月19日正式对外发布四川首批省级森林小镇名单，包括金堂县五凤镇等32个镇（乡、社区）。对于首批入围的省级森林小镇，四川省绿化委员会和四川省林业厅要求小镇进一步强化组织领导，完善工作机制，巩固和深化创建成果。同时，各市州林业部门要进一步挖掘各地绿色生态资源，完善生态服务功能，积极打造森林小镇品牌。对此，各地积极落实推进。比如，雅安市于2017年10月出台《关于加快推进森林城市建设的实施意见》，提出到2020年要建成省级森林城市，包含40个省级或市级森林小镇、300个森林示范村庄和绿美新村。

专栏1-8

2017年四川省首批森林小镇名单

成都市	金堂县五凤镇　邛崃市天台山镇
攀枝花市	仁和区平地镇
泸州市	古蔺县黄荆乡
德阳市	绵竹市清平镇　罗江县白马关镇
绵阳市	游仙区徐家镇　北川县都坝镇
广元市	朝天区曾家镇　利州区白朝乡
	剑阁县剑门关镇　旺苍县鼓城乡
内江市	东兴区高粱镇
乐山市	犍为县芭沟镇
南充市	阆中市天官乡
宜宾市	南溪区马家乡
广安市	华蓥市红岩乡　岳池县苟角镇
达州市	宣汉县君塘镇洋烈社区
巴中市	南江县光雾山镇　通江县空山乡
雅安市	雨城区碧峰峡镇　名山区万古乡
	荥经县龙苍沟镇　汉源县九襄镇
眉山市	洪雅县瓦屋山镇　青神县南城镇
资阳市	安岳县龙台镇

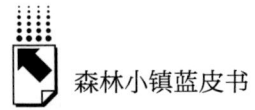
森林小镇蓝皮书

阿坝州　黑水县沙石多乡

甘孜州　泸定县杵坭乡　丹巴县革什扎乡

凉山州　德昌县永郎镇

资料来源：四川省绿化委员会、四川省林业厅：《四川公布首批32个省级森林小镇名单》，2017年10月19日。

二　中国森林小镇发展面临的问题与挑战

中国森林小镇正在经历蓬勃发展和取得明显成效的重要阶段，但面向未来也存在不少问题与挑战。其集中表现为森林多重功能尚未有效发挥、特色凝练与打造有待加强、与林场改革结合度不够、土地制度难以适应林区或泛林区建设用地需求、人力资源与人才缺乏无法适应森林小镇建设需求，亟待在实践中破解。

（一）森林多重功能尚未有效发挥

森林不仅具有天然的生态功能，更具有重要的经济社会功能，且随着人们对森林认知的逐步深入，森林经济社会功能不断拓展，文化文明功能不断延伸，但是现有森林功能的发挥依然有限，亟待破解。

1. 观光产业短期效应明显，长远发展有待考量

大多森林小镇建设主打生态旅游项目，虽然在一定程度上带动了住宿、饮食、特产销售等一系列相关产业的发展，但观光旅游有其特定的带动期，小镇只会在旺季有较高的收入，想要长时间维持发展热度，必须发展其他副业。调研发现，各林场或地区都以发展旅游业来实现森林资源的转化，进行产业的转型，整个规划过程耗费了大量的资金，且回报周期普遍较长。

以何斯路村为例，近年来，何斯路村与多个单位进行合作，自主

探索了薰衣草的本土种植方式,着力打造属于义乌的"普罗旺斯"。2008年以来,何斯路村整合现有资源先后建设了以包括斯路何庄、薰衣草主题公园在内总投资超过9000万元的一系列观光旅游为主的项目,现今的薰衣草观光旅游俨然已成为何斯路村的主打品牌。何斯路村主打生态旅游,与薰衣草相关产品的生产都已外包给其他公司,村内并无相关副业,村民也不再从事其他产业的生产,全力发展以薰衣草为主的旅游业。小镇虽然在薰衣草开花季节吸引游客效应明显,但是特定季节一过,热度便难以维持,这就导致森林资源的多重功能尚未完全发挥,产业过于单一化,何斯路村的长远发展还有待考量。

2. 第一、二、三产业融合度不高,发展格局狭窄

产业是经济的支撑,只有发展好产业,才能保障森林小镇建设的长远、健康、可持续发展。森林小镇建设应结合自身条件和发展阶段,深度挖掘产业内涵和潜力,延长产业链,发展好各种业态,培育好多种产业,形成"产业有主导、多业互配套、业态多创新"的三次产业发展紧密融合的特色。目前森林小镇建设大多以发展第三产业为主,即使存在少数第一、第二产业,也是单一独立发展,产业之间并没有有机融合,产业结构多为粗放型。此外,小镇发展格局也仅限于生态旅游,整个场域建设都是以旅游景点的标准进行规划,一旦涉及产业转型升级便只能"束手无策"。

3. 林场经营模式单一,生态、社会功效不显著

从调研的各个林场的情况来看,由于各种各样的原因,目前部分林场还是偏重经济效益功能的建设,经营模式比较单一,产业大都以木材采伐和板材加工为主。由于森林的生态和社会功能往往在一段比较长的时间后才能发挥出来,所以往往容易被忽视。森林生态屏障、绿色基础设施,以及生态隔离带、绿色廊道往往未能建成或效果不明显,此外,我国林业长期实行粗放经营,经营方案编制

技术不成熟，手段落后，而且方案内容单一、模糊以及缺乏针对性，这种经营方案、发展规划的缺陷短时间内很难扭转，而森林小镇的定位决定了其更多依靠于森林的生态、社会功能。因此，林场对于森林功能培育建设的单一性无疑给小镇的建设与经营带来一定的影响与束缚。

（二）特色凝练与打造有待加强

森林小镇立足生态建设和绿色发展，其特色在于如何将生态资源与产业发展、社会进步有机结合起来，形成"森林+"的独特魅力。现有森林小镇大多聚集于森林旅游产业，雷同化倾向明显。

1. 特色定位"千篇一律"，缺乏品牌效应

特色产业是特色小镇发展的核心，国家与地方有关特色小镇培育政策中，均对特色产业做出了要求：住房城乡建设部、国家发展改革委、财政部发布的《关于开展特色小镇培育工作的通知》中要求特色小镇要有特色鲜明的产业形态，向做精、做强发展，并要充分利用"互联网+"等新兴手段，推动产业链发展思维，促进以产立镇、以产带镇。国家发展改革委《关于加快美丽特色小（城）镇建设的指导意见》中提出，坚持夯实城镇产业基础，挖掘本地最有基础、最具潜力、最能成长的"三最"特色产业，做精做强主导特色产业，打造具有持续竞争力和可持续发展特征的独特产业生态。然而，各地特色小镇在建设热潮中形成了"一拥而上""遍地开花"的快速发展态势，出现了"千镇一面、缺乏特色"的特色小镇不特的难题。而作为特色小镇一部分的森林小镇，同样也面临着小镇特色产业不鲜明的问题。例如，在调研中，不少小镇都提出了森林旅游、康养以及休闲度假的功能定位，但概念还是比较模糊，缺乏现实精准性。同时，伴随产业规模较小、产业链不完善，市场销量十分有限，品牌效应难以形成。

2. 文化挖掘深度不够，小镇建设缺乏"灵魂"

特色文化是森林小镇的"灵魂"，是独特性的体现。森林小镇的建设要有特色鲜明的产业形态、彰显特色的传统文化、特殊的地理环境、充满活力的体制机制、便捷完善的设施服务，是有明确产业定位、文化内涵、旅游特色和一定社区功能的发展空间平台。但是现有森林小镇缺乏对文化的开发或是开发不到位。一方面，小镇文化挖掘没有充分联系历史人物与历史背景，没有以当地历史文化为依托，形成自身独特的文化内涵，从而导致小镇无特色文化或特色文化不鲜明的情况，难以给游客留下深刻的印象；另一方面，小镇特色的表现力尚有待加强。一些小镇的文化主要集中体现在建筑遗址上，未能充分拓展到饮食、风俗等日常近距离体验领域，从而难以形成紧密的多层次文化氛围。

3. 特色打造力度不够，宣传形式单一

在深入挖掘森林小镇特色的同时，还需进行特色凝练，打造属于自己的品牌文化，强化品牌效应，这就涉及品牌宣传与形象打造。部分地区建设规划良好，具备其独特的文化内涵，但公众认知度较低，面临全国甚至全省诸多同类地区的同质化竞争，难以脱颖而出，其开发的衍生产品也不具备市场竞争力。在此背景下，结合自身文化特质，沿袭优势概念，跳脱出传统电视、报纸、广告的宣传方式，进入"互联网＋"宣传新模式，成为森林小镇特色打造过程中的新议题。

（三）与林场改革结合度不够

《国有林场改革方案》中明确提出："深入实施以生态建设为主的林业发展战略，按照分类推进改革的要求，围绕保护生态、保障职工生活两大目标，推动政事分开、事企分开，实现管护方式创新和监管体制创新，推动林业发展模式由木材生产为主转变为生态修复和建

设为主、由利用森林获取经济利益为主转变为保护森林提供生态服务为主,建立有利于保护和发展森林资源、有利于改善生态和民生、有利于增强林业发展活力的国有林场新体制,为维护国家生态安全、保护生物多样性、建设生态文明作出更大贡献。"这为森林小镇建设创造了良好的政策环境并可以转化为重要的发展契机。现有森林小镇多以行政建制的乡镇、街道为单位,与林场改革相适应的林区森林小镇建设有待加强。

1. 林场"内部消化"不到位,下岗职工安置、再就业问题依然突出

国有林场改革为各林场带来前所未有的机遇,而森林小镇作为国有林场改革工作的试点项目,可以为国有林场改革提供新思路和新方法。从现实情况看,目前森林小镇建设与林场改革的结合度不够,没有充分发挥应有的作用。在林场改革中,国有林场需要对"办社会"职能进行剥离,场办学校、场办医务室和承担的其他社区功能逐步从林场中剥离出来,绝大部分要移交给当地政府承办和管理,人员要进行建制划转,场内事业编制需要进行缩减。如何妥善安置下岗职工,促使他们再就业成为林场改革过程中一个棘手的问题,一旦处理不好会引发一系列社会问题,从而对林场改革的进度和成效带来一定的影响,进而也影响到森林小镇的建设工作。

2. 林场市场机制的引入不到位,缺乏有效的政策和规划

国有林场不仅与民营企业有着巨大差别,与其他国有企业也存在明显不同,其经营管理具有很强的社会性和政策性。一方面,国有林场承担的社会责任使其不适宜用市场化的方式,同时国有林场地理位置的偏远和经营的限制性规定使市场主体也不愿投资,社会资本引入困难;另一方面,我国国有林场长期实行粗放型经营,即使进行了林场改革,原有的经营方式也并没有得到改善,依旧遵循粗放型的林场经营方式,或直接委托给具有编案资质的单位进行经营方案的编制,导致大部分林场经营方案内容空洞且千篇一律。经营方式的不成熟、对资源

现状分析的片面直接导致执行力弱化，难以开展有效的森林经营活动。

3.大量存量建筑与建设用地闲置，林地整合困难

一方面，各种"办社会"功能从林场剥离出去后，大量场部、分场部存量建筑闲置下来并未进行妥善的处理，由于长时间不使用已经处于废弃状态。对于遗留下来的建设用地，在审批上也是困难重重，无法投入到森林小镇建设规划上来。另一方面，在林地整合上，南方国有林场与北方国有林场相比面积要小得多。南方国有林场前身都是集体林场，通过国家逐步回购以及农民赠送才演变为现在的国有林场，因此林场规模小，呈现"犬牙交错"的局面，给林地整合以及林场有效管理带来一定的困难。

（四）土地制度难以适应林区或泛林区建设用地需求

目前，"森林特色小镇"建设正在全国如火如荼地进行着，不少林场依托国有林场改革转型升级为森林小镇。然而各大林场在整合过程中普遍存在国有林场改革相关法律法规颁布时间过长，不适应现有发展的情况。此外，在建设过程中，遇到林场用地问题或者建设规划中涉及的房屋拆迁协商问题以及基建用地的审批存在与现有法规发生冲突的情况。总之，建设用地问题，由于牵扯面广，矛盾不容易解决，已然成为制约林区以及森林小镇建设和发展的重要因素之一，严重影响了森林小镇建设工作的推进。

从调研情况来看，一些林场虽然完全符合"森林小镇"建设条件，但是由于建设用地划拨不到位，推进进程受到严重阻碍。根据规定，我国林场属于林业用地，而森林小镇房屋以及基础设施的建设，需要大量的建设用地，这就带来了林业用地和建设用地之间的土地划拨、调整问题。目前来看，各个地方的土地划拨都比较困难，审批十分严格，且经调整的土地需要交纳一笔土地出让金，这无疑大大加重了林场的经济负担以及建设"森林小镇"的积极性。

（五）人力资源与人才缺乏无法适应森林小镇建设需求

对于森林小镇建设来说，是否具备市场竞争力，从根本上说主要依赖于人才队伍是否优秀以及在同类小镇竞争中是否能够占据优势。人才资源在森林小镇开发过程中发挥着基础性、战略性和决定性作用。因此，人才队伍建设是关乎森林小镇可持续发展的第一要务，是森林小镇长远发展的根本性保障，是森林小镇整体竞争能力的第一要素。

1. 人才断档严重，森林小镇建设创新不足

森林小镇的首要条件便是森林资源丰富，这就决定了森林小镇地理位置相对于其他地区要偏僻，基础设施建设会更加落后，因此难以吸引年轻的人才"走进来"。此外，经营管理和技术队伍的断档，调查规划、生产技术型人才的严重缺乏导致专业规划的缺失，使大部分的规划变成"拍脑袋决定"；对本地特色产业、资源禀赋、文化遗存等的认识和挖掘不深，存在不顾发展阶段、经济水平和特色小镇生存与发展基本规律的现象，一些产业和功能脱离实际，在发展模式上简单模仿、生搬硬套，模仿有余，特色不够鲜明，产业、旅游、文化等功能没有充分融合；部分森林小镇主打的特色农业型小镇，主导产业却是以商贸旅游为主，木材加工为辅，这就造成了产业定位的混乱，重点不突出。

2. 人力资源匮乏，制约产业发展

小镇的建设和维护需要大量的人力物力和专业人才，而剩余劳动力的大量转移掣肘森林小镇的建设以及可持续发展。例如，江西省的各大林场在进行林场改革和棚户区改造之后，大部分人为了实现再就业选择了进城务工，且在县城安家，从而导致林场工人数量锐减，人手严重不足。此外，一些林场缺乏有效的人才引进计划和制度，缺乏"新鲜血液"的注入。完善的森林小镇体系的建立，需要投入大量的人力资源，仅仅依靠部分转业林场职工是远远不够的，这会使小镇各

方面配套服务建设不够完善，降低小镇的服务水平，从而影响游客的旅游体验，也制约了小镇的发展。

3. 文化人才队伍缺乏，基础教育不足

首先，在调研区域现阶段森林小镇文化建设中，许多有一技之长的文化能人其作用尚未发挥，比如一些民间艺术工作者，由于未得到相关政策支持，不得不转行从事其他工作，如何把他们聚集起来为森林小镇文化建设服务是当前面临的一大难题。其次，场办学校在国有林场改革中被剥离，公共教育资源比较缺乏，文化基础教育不足，导致后续文化人才断档。最后，森林小镇作为一个新生事物，离不开合理到位的宣传，如何打造文化"名片"，将自身独特的文化特色推介出去，以此带动经济发展也是目前亟须解决的问题。

三 促进中国森林小镇建设发展的对策与建议

立足2017年，展望2018年，推进中国森林小镇建设重在生命、生态、生产、生活和文化五个维度的协同发展，实现森林特质更加明显、森林功能更加多元化、森林作用更加重要、森林生活更加可期的战略目标。

（一）总体思路

2018年，森林小镇建设应紧紧围绕"美丽中国"建设的战略目标，在国家和区域总体指导安排下，充分考量如何破解人民日益增长的美好生活需要和不平衡不充分发展之间的矛盾，充分发挥各地建设的积极性和主动性，充分发挥市场对资源配置的决定性作用，充分发挥社会成员建设的重要作用，高标准定位，高起点规划，高质量建设，形成森林特质更加明显、森林功能更加多元、森林作用更加重要、森林生活更加可期的发展态势。

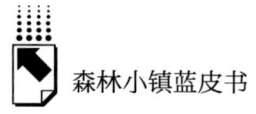

（二）重点任务

2018年，推进森林小镇建设重在实现生命、生态、生产、生活和文化五个维度的协同发展。

1. 生命维度

自然化与生态化是森林小镇有别于一般特色小镇的独特魅力，这种魅力的营造源自森林对大自然的尊重。2018年，在全球气候变化、环境恶化的特定背景下，森林小镇应在尊重生命、保护生物多样性上身先士卒。

（1）强化古树名木保护。制定古树名木保护实施细则，健全保护的制度体系，完善古树名木档案，努力实现保护管理工作的规范化、制度化和常态化。

（2）注重小镇生物多样性。重点在于保护本地特有生物品种在小镇内的繁衍与成长。同时适度引入相关适宜性的生物品种，增加种群的生物多样性。

（3）注重不同生命体征的互补与展现。重点抓好不同季节、不同地段、不同颜色树种的搭配种植，努力打造具有小镇特色的独特"彩色林"工程。

2. 生态维度

建设森林小镇要以维护和提高森林生态系统服务功能为根本出发点和落脚点，这是森林小镇得以发展的重要基石。2018年，应在森林小镇建设中进一步坚守实行最严格的森林资源管理制度。

（1）创新森林资源管理体制。进一步深化对加强林业资源管理重要性的认识，不断创新森林资源管理模式，强化政府行政监管职能和公共服务职能，坚持严格保护与合理利用的原则，充分发挥政府主导下的社会参与作用，统筹兼顾，协调发展，努力实现林场资源综合效益的最大化。

（2）创新森林资源管理手段。变单一靠人力管护为人力与先进现代设备结合管护，积极拓展无人机等管理设备的普及使用，努力尝试森林管护机器人的开发与试验。

（3）强化森林资源监管。一方面，以清晰的法律规范明确林业部门的执法权限，保障执法依据；另一方面，要进一步落实《国有林场改革方案》，强化国务院林业行政主管部门派驻地方的森林资源监督专员办事处的监督职能，优化监督机构设置，加强对重点国有林区森林资源保护管理的监督，建立重要指标"一票否决"制度，强化森林资源离任审计。

3. 生产维度

产业发展是森林小镇建设的重要基础，没有产业支撑的森林小镇终会是"无本之木""无源之水"。2018年，森林小镇产业发展应以"绿水青山"如何转化为"金山银山"为重大课题，充分利用优质森林生态资源，积极发展绿色富民的轻质化产业，实现产业升级与可持续发展。

（1）优化林业传统产业。按照《国有林场改革方案》，鼓励培育速生丰产用材林特别是珍贵树种和大径级用材林，大力发展木材深加工、特色经济林、野生动植物驯养繁育等绿色低碳产业。

（2）大力发展林下经济。根据当地自然条件、林地资源状况、经济发展水平、市场需求情况、林下产品适生性等，科学制定林下区域经济发展规划，合理确定林下经济模式及规模，突出特色，并进行多元化组合发展，积极引导企业及农户向"一镇一优势"的方向发展。

（3）加快发展森林休闲业。根据各地森林资源特色，结合当地民族文化风情，加快发展休闲、养生、旅游体验等具有特定森林居住属性的休闲业，重点做好"吃、住、行、游、购、娱"六要素的有机融合与凝练发展，打造有影响力的森林产业品牌，全面提升森林产业发展水平。

4. 生活维度

森林小镇建设能为小镇居民提供更加幸福的生活,这是森林小镇发展追求的根本目标。2018年,面对相对落后的生活条件和生活水平,森林小镇建设应以保障民生为重要切入点,以水、电、路等硬件和以养老、医疗卫生、公共文体等软件为关键抓手,切实提升小镇生活品质和居民幸福感。

(1)做好基础设施建设规划。森林小镇基础设施建设要体现小镇特定功能和作用发挥,不能简单照搬城市建设。面对现有基础设施建设较薄弱的状况,应坚持从实际出发,制定小镇未来一个时期基础设施建设的总体思路、基本原则、建设目标、区域布局和政策措施,列出较为详细的分阶段实施步骤。

(2)重点加强民生基础设施建设。着力加大对饮水安全、居民用房、电网系统、生物防治、森林防火等基础设施的投入,尽快完善各项基础设施,确保国有林场能与森林小镇协同发展。

(3)提升小镇居民公共服务获得感。重点做好公共教育、公共医疗卫生、公共就业服务、社会保障、公共交通等多层次多领域的生活保障与服务。特别是要解决林场改革后的基本生计与安全感。

5. 文化维度

文化是森林小镇的灵魂。作为一种柔性生产力,文化在推动森林小镇建设和发展过程中的作用不断凸显。2018年,森林小镇建设应注重小镇特有文化印记的提炼与打造、传播与推广,着力提升小镇文化的知名度和美誉度。

(1)着力开发小镇特有文化资源。注重多种文化资源的挖掘,打造"独一无二"的小镇文化印记。重点在于挖掘地方历史文化、民族文化、宗教文化等特有文化基因与文化资源。

(2)着力拓展小镇特有的群众文化。通过建设森林图书馆、森林文化礼堂、森林博物馆等具体场馆，开设丰富多彩的森林公益体验与传播活动，努力吸引不同年龄、学历层次群众的广泛参与，切实打造小镇特有的群众文化。

（3）着力推进以产业化实现文化的可持续发展。找准文化与经济的最佳结合点，形成具有鲜明特色的文化产业。以产业发展保障文化之树常青。比如，大力开展创意林产品、林业文化展示等活动，以旅游为主体，带动手工艺美术、民俗表演、风味餐饮、房地产开发、交通服务共同发展的乡土旅游文化产业链在产业发展中传承文化。

（三）推进策略

1. 总体定位，分区规划，完善基础设施

制定森林小镇的专项发展计划，明确小镇建设的近期、中期及长期的发展目标，明确空间布局和功能定位。详细勘察林场地质地貌，调查建设用地物种情况，合理规划土地使用，更好地培育产、镇、人、文、生态一体化的特色空间。重点加强集镇供水、供电、供气、交通等基础设施和医疗、教育、卫生、体育等配套设施的全面提升建设，为小镇品质提升奠定基础。完善污水处理管道，对排污路线重新规划，确保污水不会对土壤造成污染。做好垃圾分类储存、投放及搬运工作，增加消防预警员与消防车的数量，加强消防预警员的专业素养，增购专业消防设备，打造美化、亮化、洁化、绿化、序化美丽集镇。

2. 引进人才，强化小镇发展人力支撑

一方面，加强人才培训，提高综合素养。加强员工职业培训和文化教育，提高综合素质和业务能力。高度重视高素质专业技术人才培养工作。另一方面，广泛吸纳人才，提升团队竞争力。广泛吸纳优秀人才进入工作岗位。通过完善政策，提高工作待遇，吸引社会众多人才加入小镇建设。对小镇中具有较大发展潜力的优秀团队进行重点扶持与建设。

3. 打造特色品牌，挖掘特色产业

在森林小镇建设过程中，要结合实际情况，立足自身优势，凝练特色，形成规模，打造森林特色小镇品牌，建立品牌效应。打造一系列的主题游览和体验，以及开发特产、手工艺制品等，提供网络购票、预订等多方面快捷服务，从而提高游客的体验品质，树立良好的品牌形象。除了传统的广告宣传模式，还可利用媒体网络平台等传播方式多渠道加强森林特色小镇宣传工作，增加森林小镇特色品牌知名度。比如，可以推进"森林+"的产业模式。"森林+村落+土特产"模式，重在通过"森林旅游"绿道、森林驿站、森林特色餐厅等，打造"进森林氧吧、尝森林美食、赏森林美景"的高品质；"森林+旅游+基地"模式，重点规划建设森林生态产业示范区，注重发展以观赏性植物和中药材种植、科普教育、观光游览为主的森林小镇。

4. 创新融资模式，摆脱"等、靠、要"

森林小镇建设可以调动各类投资主体多元化、投入项目的多元化和资金来源渠道的多元化，从而保证森林小镇建设资金的充足。森林小镇可以利用PPP模式进行项目开发，也可以通过项目融资，比如产品支付、融资租赁、BOT融资、ABS融资等融资方式。在此过程中，可以将私营企业中的效率引入公用项目，极大地提高项目建设质量并且加快项目建设进度。

5. 创新体制机制，解决森林小镇建设用地问题

从森林特色小镇建设情况看，一是要盘活存量建筑和建设用地，如国有林场场部、分场部存量建筑的修复，旧局址、场址的建设用地重新规划、报批和建设旅游设施用房；二是建议相关部委会商，制定农、林业生产管理用房用地规范以及旅游业和康养业建筑用地规范，建议国务院办公厅出台关于装配式建筑指导意见，用于指导和规范特色小镇建设；三是增设特色小镇建设用地专门指标，扶持其发展；四

是推动以土地产权为核心的农村产权制度改革，为森林特色小镇建设提供基本制度支撑。

6. 森林小镇建设与国有林场改革进一步结合

以《国有林场改革方案》和《国有林区改革指导意见》为指引，深度挖掘国家政策文件中的制度红利，将制度红利有效转化为森林小镇建设的现实优势和推动力。比如，国有林场改革后林业工人分流与小镇创新创业的有机结合。

调研报告

Research Reports

B.2 "两山理论"发源地的森林小镇建设[*]

——浙江省安吉县的调查

摘　要： 作为"两山理论"的发源地，浙江省安吉县积极探索经济生态化发展路径，以解放思想为先导，全力提升科学发展的思路；以美丽乡村为载体，全力开创城乡融合的局面；以产业转型为支撑，全力增强区域经济的实力，为森林小镇建设先行探路。通过对天荒坪镇、山川乡、上墅乡三个乡镇的深入调研

---

[*] 联合调研组：倪建伟，调研组组长、发展中国论坛学术委员会委员、浙江财经大学教授、博士；胡继妹，中共湖州市委党校校委委员、教育长；沈佳文，中共湖州市委党校经管教研室主任、副教授；刘艳云，中共湖州市委党校生态文明教研室副主任、讲师；汪菁，中共湖州市委党校经管教研室助教；张天霞，中共湖州市委党校马列教研室助教；孙平，中共安吉县委党校校委委员；陈鋆泽，浙江财经大学研究助理；王旭东，浙江财经大学研究助理；杜逸文，浙江财经大学研究助理；朱峰，浙江财经大学研究助理。本报告执笔：倪建伟、王旭东、杜逸文、朱峰、陈鋆泽。
感谢中共湖州市委党校、中共安吉县委党校、安吉县林业局、天荒坪镇政府、山川乡乡政府、上墅乡乡政府对"全国'森林小镇'评价体系与发展指数研究"调研组的大力支持！

发现：安吉县森林小镇建设以科学理论和科学规划为指引，以生态资源优势为依托实现多重功能，强化建设措施和手段的有效组合，取得了明显的建设成效和初步的建设经验。下一步，应在如何实现第一、第二、第三产业的更紧密联动、如何更好地融入文化元素、如何更好地招商引资等方面积极探索，构建长效机制。为此，调研组建议：推进"三产联动"，形成第一产业"接二连三"、第二产业"推一带三"、第三产业"辅一联二"的发展格局；加强文化建设，提升当地村民思想道德素质和科学文化素质；引育并重，促进当地居民、经营者、管理者"三方合作"共同推动小镇可持续发展。

关键词： 森林小镇　森林人家　经济生态化　"三产联动"　安吉

党的十八届三中全会提出的"坚持走中国特色新型城镇化道路"，在很大程度上体现在如何有效推进农村居民就地就近城镇化。现如今，传统依赖资源能源消耗型发展模式已经无法继续，必须寻求一条绿色低碳的可持续发展路径，寻求"大中小城市和小城镇协调发展、产业和城镇融合发展"。《习近平总书记系列重要讲话读本》中指出，"我们既要绿水青山，也要金山银山"。青山在很大程度上就是"绿树"、就是"森林"。同时，《住房城乡建设部　国家发展改革委　财政部关于开展特色小镇培育工作的通知》明确要求实现"到2020年，培育1000个左右各具特色、富有活力的休闲旅游、商贸物流、现代制造、教育科技、传统文化、美丽宜居等特色小镇，引领带动全国小城镇建设，不断提高建设水平和发展质量"的目标。

在此背景下，以挖掘森林资源为特色的小镇建设受到越来越多关注，已有部分地区（比如浙江省）正式启动森林小镇建设总体方案，并取得一定成效，但同时也存在着不少急需解决的问题。为研究问题，2017年1月16日至17日，以"加强对中国特色新型城镇化道路发展研究，积极探索推进全国森林小镇建设的有效途径"为主题，由发展中国论坛、国家行政学院新型城镇化研究中心联合组建的"全国'森林小镇'评价体系与发展指数研究"联合调研组赴浙江省首批森林特色小镇——湖州市安吉县天荒坪"两山"示范小镇、山川森林休闲小镇、上墅森林慢旅小镇三个森林特色小镇开展专题调研。

专栏2-1
安吉县的基本情况及森林资源概况

安吉是一个山区县，全县森林面积达到207.3万亩，占土地总面积的73.3%，森林覆盖率保持在71.1%。"十二五"期间，结合县委县政府"四边三化"、"山青水净"、"五水共治"等中心工作，全县累计完成绿化造林38026亩，其中人工造林34030亩，迹地更新造林3996亩，完成阔叶林发展工程2.1万亩，建成生物防护林带22公里，四旁植树102万株。完成重点防护林建设74899亩、平原绿化34030亩、封山育林40869亩、森林抚育16.1万亩，有效促进了森林结构的改善和森林质量的提高。

近年来，安吉立足森林生态优势，以竹乡风情和竹文化为主体，把全县作为一个"泛自然博物园"来规划打造。从纯粹观光旅游向观光、休闲度假、户外运动、体育赛事、农事体验、森林康养等多种旅游产品方向发展，已建成森林旅游景点28个、农家乐657家。以美丽乡村为背景的安吉县域大景区建设已初显成效，全县187个行政村实现美丽乡村全覆盖，呈现一村一品、一村一韵、一村一景的格局，全域森林旅游发展模式正逐步形成。

安吉县大力开展森林系列建设活动，累计成功建设省级森林城镇4个、森林村庄18个，市级森林城镇2个、森林村庄49个，切实提高了城镇生态环境质量和生活品质。2015年，安吉共接待国内外游客1475.2万人次，旅游总收入达174.3亿元，同比增长22.5%和36.7%，其中森林旅游收入67亿元。2016年1~8月，安吉已接待国内外游客1219.6万人次，旅游总收入151.39亿元，其中森林旅游收入达58亿元。

资料来源：调研组实地调研。

在中共湖州市委党校、安吉县委党校、安吉县林业局及有关部门的配合下，调研组采用实地考察、召开座谈会等方式，重点关注了样本所在地关于森林小镇及森林人家建设的总体历程、推进措施、主要做法、实施效果、基本经验，调研内容涉及自建设森林小镇以来至2015年末，资金投入渠道、数量、使用情况，促进区域经济社会发展和居民收入增长的基本情况以及在森林小镇及森林人家建设中出现的新情况、新问题和解决问题的做法，尚未解决的困难及政策诉求等方面，调查样本涉及三个乡镇及三个村（见表2-1）。

表2-1　2017年1月安吉县调查样本

乡（镇）	行政村	特点
天荒坪镇	余村	"两山"理论发源地
山川乡	马家弄村	生态宜居画里乡村
上墅乡	刘家塘村	"美丽乡村"精品示范村

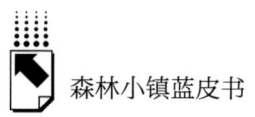
森林小镇蓝皮书

一 积极探索经济生态化发展路径

安吉县域经济的转型可以概括为三个阶段：生态资源化阶段、资源经济化阶段、经济生态化阶段。在生态资源化阶段，安吉"靠山吃山"，处于产业分工的底层和区域竞争的末端，是全省 25 个贫困县之一。穷则思变，广大干部群众想发展、思发展、盼发展，打通交通大动脉，把生态资源转化为产业资源，成为全县上下的共识。在资源经济化阶段，安吉工业化发展初期的粗放型增长方式在 1998 年太湖治污"零点行动"中，随着利税大户"老石坎纸厂"关闭而终结。在经济生态化阶段，安吉提出生态立县发展战略，并在 2007 年正式确定"生态立县、工业强县、开放兴县"战略，2008 年在全省率先建设"中国美丽乡村"，2010 年提出打造"全国首个县域大景区"，不断推进环境、空间、产业和文明的相互支撑，努力实现生态与经济的共赢。课题组通过调研发现，安吉县经济转型成功的经验主要表现在以下三个方面。

（一）以解放思想为先导，全力提升科学发展的思路

安吉县以解放思想启动工作、以思想解放推动发展，确定"安吉路径"。通过"走出去"，到上海、苏南等地学习，拓宽视野，更新观念；实施"请进来"，邀请知名专家、教授和学者授课指导，理清思路、规划发展；开展"大讨论"，通过保持先进性教育活动、"六破六立"、"激情与发展"、"赢在执行"等大实践活动，统一思想、提升思路。在率先建成全国首个生态县后，安吉以科学发展观审视、评估县域发展，提出坚持"三大发展战略"，沿着打造"一地四区"、建设"中国美丽乡村"、打造"全国首个县域大景区"的发展路径，深入开展"奋战五年·再造安吉"推进行动，最终实现"建设民富县强和谐安吉"的发展目标。

（二）以美丽乡村为载体，全力开创城乡融合的局面

安吉县按照打造县域大景区的思路，深入推进美丽乡村建设，推动基本公共服务均衡化发展，塑造"安吉样板"。构建"三级联动"立体化格局。坚持"规划、建设、管理、经营"四位一体，构建"优雅竹城—风情小镇—美丽乡村"立体化格局，实施建设和经营行动计划，建立全国示范的建设标准化体系及考核指标体系、长效管理体系；出台专项政策，整合支农政策向美丽乡村倾斜，确保五年投入2亿元用于风情小镇建设，每年投入30亿元建设优雅竹城。加快基础设施一体化发展。争取商杭铁路等列入规划，加快杭长高速等项目建设，推进天荒坪二期等前期工作；实施"十万农民饮用水工程"，建立"户集、村收、乡转、县处理"的垃圾处理网络，推进农村生活污水处理，加快广播、电视、电话等进村入户。推进公共服务均衡化发展，实施"共建美丽乡村、共享小康生活"民生改善系列行动，着力推进公共文化、教育、卫生、就业、社会保障等服务向农村延伸拓展，健全基本公共服务的标准化体系，让人民群众共建共享发展成果。

（三）以产业转型为支撑，全力增强区域经济的实力

安吉县把产业升级作为经济转型的主攻方向，突出大平台、大项目、大产业、大企业发展，推动三次产业融合发展，提升"安吉速度"。推进工业新型化。坚持"集约、集聚、集中"原则，打造省级开发区、天子湖工业园、临港经济区工业"金三角"，并规划省际边际产业集聚区，推动工业园区向工业新城转型，提升平台承载力。构建"2+5"产业体系，实施工业经济转型升级三年行动计划，狠抓招商引资，主推项目建设，打造区域品牌，推进产业集群化发展。推进农业休闲化。按照第一产业"接二连三""跨二进三"思路，制定

休闲农业与乡村旅游发展规划和政策,全面启动"一区一轴三带十园"基地建设,打造安吉白茶等农业品牌,推进农业规模化、现代化、休闲化发展。推进休闲旅游高端化。坚持规划引领,出台省旅游综合改革试点规划和实施意见,培育竹海熊猫、室外滑雪等新业态,探索"旅行社+景点+农户"等服务外包,打响"中国大竹海""中国美丽乡村"品牌,促进旅游产业由"观光"向"休闲"转型发展。通过持之以恒地推进县域经济的转型升级,以"优雅竹城—风情小镇—美丽乡村"为发展格局,打造全国首个县域大景区的思路,更加坚定走生态文明与新型工业化、新型城市化和美丽乡村建设互促互进、共建共享的科学发展路子,并取得了明显成效。①

一是县域竞争力不断增强。通过县域经济转型升级,县域综合实力在省市位次持续提高,生态文明建设继续作为全国试点,荣获中国人居环境奖,美丽乡村上升为全省新农村建设品牌。2015年,安吉县生产总值、财政总收入和地方财政收入,分别达303.35亿元、55.69亿元、32.96亿元。

二是城乡一体化不断提升。通过美丽乡村建设,安吉县142个村完成创建,10个乡镇全覆盖,建成1条旅游大环线和4条精品线;6个风情小镇启动试点,天荒坪旅居小镇项目列入省重点。基础设施一体化明显提升,农村垃圾收集率95%以上,生活污水处理达60%。公共文化服务体系基本健全,18个地域文化展示馆建成并运营。构建全覆盖的社会保障体系,建立142个标准化村级服务中心,各项社会保障覆盖率居全省前列。城乡统筹发展水平更高,城乡收入比为1.96∶1。

三是社会和谐度不断提高。通过一系列民生改善行动和社会管理

---

① 余佶:《生态文明视域下中国经济绿色发展路径研究——基于浙江安吉案例》,《理论学刊》2015年第11期,第53~60页。

创新，逐步建立长效化的维稳机制、常态化的平安建设、目标化的民生行动，建立健全社会管理体系，构建了"大信访"工作格局，2008年获省奥运安保先进县，2010年胜利完成世博安保，实现了省平安县六连冠。总体而言，安吉县人民群众安居乐业、经济社会和谐稳定。

二 安吉县森林小镇建设的基本做法与成效

2015年10月，浙江省林业厅结合建设全国现代林业经济发展实验区的战略部署，出台《关于推进森林特色小镇和森林人家建设的指导意见》（以下简称《指导意见》），进一步明确森林特色小镇、森林人家建设的产业定位，即主要以提升木业、竹业、花卉苗木、森林食品等林业特色产业为基础，重点发展森林休闲养生新兴产业，兼顾木艺、竹艺等具有地方特色的历史经典产业。根据《指导意见》，浙江将通过3年时间建设20个森林特色小镇、100个森林人家。其中，综合性小镇年林业总产值将超过5亿元，林业产值占当地总产值的50%以上；以森林休闲养生为特色的小镇年林业总产值超过2亿元；以涉林历史经典产业为特色的小镇年林业总产值超过1亿元。为顺应省政府的号召，安吉县在森林小镇建设方面进行了初步的探索，并已经取得一定成效。调研组就当前安吉县森林小镇建设情况深入天荒坪镇、山川乡、上墅乡三个乡镇进行调研，形成了对其基本做法与成效的总体认识。

专栏2-2

安吉县整体生态发展规划布局

在安吉县经济社会发展整体布局中，西南山区是以发展休闲旅游业为主，以生态建设的成果为基础，经营环境、经营村庄、经营品牌，真正实现了生态资源的资本化、休闲化发展，休闲经济发展形成"一核三区"，呈扇形展开的格局。

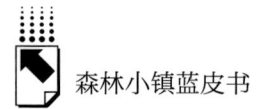

"一核",即以县城为中心,着力打造环灵峰山休闲度假区块,把孝丰连成一片,形成休闲城市的功能区、旅游休闲的集散地及休闲经济发展的大本营。在"一核"中加强馒头山、凤凰山、凤凰湖、龙山一带的山地风景人居休闲带和沿浒溪至中南百草园、古安城一带的现代娱乐休闲区建设,丰富完善"一核"的内容。

"三区",是发展休闲经济的重点区域,即天荒坪大景区区块,包括山川、上墅等乡镇,以观光休闲为主;黄埔源区块,包括章村、报福、杭垓等乡镇,以拓展休闲为主;历史文化民族风情休闲区区块,以皈山、西亩、鄣吴、安城等地为开发区域。

资料来源:调研组实地调研。

(一)天荒坪镇森林小镇建设

天荒坪镇地处长三角洲杭嘉湖平原西北部,是安吉县林业大镇,全镇有森林面积13.8万亩,森林覆盖率达85%。其中竹林面积8.9万亩,是全县竹林面积的1/6,毛竹蓄积量14500万枝,素有"全国毛竹看安吉,安吉毛竹看天荒坪"之说。2014年,天荒坪镇启动余村美丽乡村精品示范村建设,完成大溪历史文化名村建设年度任务。大溪、横路、马吉、白水湾、西鹤、五鹤6个村的美丽乡村提升扩面完成任务,成功建设省五星级、四星级农家乐各1家,五星级购物点1家。2014年,天荒坪镇全镇工业总产值达到34亿元,同比增长10%;休闲旅游总收入达到7.2亿元,同比增长20%;财政收入达到7150万元,同比增长18.2%;农民人均纯收入达到24413元,同比增长11.2%。其中,2014年,林业总产值为26.6亿元,森林旅游休闲业产值为6亿元。通过"两山"森林特色小镇的规划、区域环境综合整治、四条精品森林廊道改建提升,全镇森林小镇框架基本形成。

（二）刘家塘村森林人家建设

刘家塘村以良好的森林生态环境、森林村庄为依托，根据村庄特色，以创建"国际慢城"为目标，以农户、工商业主、家庭农场等为经营主体，因地制宜地结合具有地方特色的人文和历史经典产业，积极发展集"产业、文化、旅游"于一体的森林休闲养生福地。现阶段，刘家塘村村庄建设在市、县财政补助的基础上，通过多渠道招商引资获得禾一门、乐一村等品牌入驻，紧扣互联网打造线上娱乐、线下体验的生态农场，集中体现在以下六个方面。

（1）以创建观光及参与型旅游村庄为目标，以自然山水、民俗活动、农业景观、乡村生活等为旅游载体，提高旅游项目招商、旅游项目管理、旅游活动策划、旅游服务等水平，建立多渠道旅游招商途径、完善旅游经济基础服务设施，为观光旅游产业发展提供良好的发展平台。

（2）加大对第一产业的技术及资金投入，尤其是生态农业、休闲业，积极拓宽产品销售市场，完善产品配送渠道，建设特色产品品牌。加快水果大棚种植及富硒食品品牌的确立与推广，辐射休闲养生旅游业的发展。

（3）挖掘丰富的观光旅游资源，加快培育与建设绿色生态农庄，推出漫道骑行、农场观光、欢乐采摘、农事体验、农家餐饮、养殖垂钓、户外品茗、野餐烧烤、拓展训练、婚纱摄影，利用狮子石水库优美的自然环境、良好的生态资源，为游客创造滨水垂钓、水上游玩等项目，强化农业休闲旅游战略，推进现代化农业与现代化服务业的有机结合，丰富休闲养生旅游项目。

（4）挖掘本土民俗生活资源，积极组织开拓农村生活服务、艺术生产、文化活动，保留地方生活场景的原真实性，在不破坏原有农村生活情境下结合旅游服务进行经营，拓展村民收入渠道，促进生活

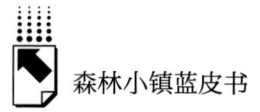

服务与旅游服务协同发展。

（5）规范化管理本村域农家乐经营体制，支持鼓励村民利用自家院落所自带的田园风光创办民宿餐饮服务，积极监督其卫生状况、经营模式及现状。安排村域餐饮及民宿服务人员进行服务知识、旅游知识培训。

（6）科学合理地进行公共服务设施布局，促进公共服务设施的高效配置和高效使用，实现完善村庄基础设施的目标。其中包括慢道安全设施配置、设立慢道骑行休息点、完善沿路沿线道路亮化等。

刘家塘村在"森林人家"这个项目的创建过程中，全面运用村民代表会议和广播宣传等形式，切实加大宣传力度，充分调动广大村民参与的积极性、主动性和创造性，集中展现村庄休闲养生韵味，使游客更亲近自然，更了解农村，购物更尽情、体验生活更生动。

（三）山川乡森林小镇建设

山川乡是首批风情小镇建设试点。在风情小镇建设初期，山川便提出"秀美山川，浪漫乡村"的口号，并具有一定的影响力，但消费者认知度仍然较低，面临同省，甚至同县诸多美丽乡村的同质化竞争，一时难以脱颖而出。在这一背景下，山川结合自身特点，跳出"自然资源、著名景点"的同质化乡旅竞争，沿袭原有的"浪漫"概念，将城市里的忙碌人群带回到浪漫淳朴的乡村生活，最终，山川风情小镇将品牌定位为"体验浪漫乡村生活的首选地"。

山川乡依靠良好的地理条件和资源优势，带动了一批农家乐的发展，并且将农家乐结构不断优化，中高档的农家乐规模逐渐壮大，打造满足不同消费者需求的有森林文化特色的精品民宿。目前已经完成了5户农家乐转型升级和17个森林休闲养生项目建设。随着森林休闲养生项目的引进，山川乡将逐步实现精品度假集群化，具体包括如老树林度假酒店一期、华学图书（休闲会所）、古陶瓷文化休闲山庄、集休闲、观光等多种功能于一体的文化旅游综合景区的落伽山景区等。近十余年来，山川乡经济状况处于逐年增长的状态。2004年，山川乡人均GDP为2.2万元，农民人均收入为6405元。2009年，山川乡财政预算总收入为629万元。2011年1~3季度，山川乡生产总值达8120万元，生产总值增速为6.6%，其中第三产业增速为12.3%。2012年财政总收入为403万元，农民人均纯收入为18360元。2014年，山川乡生产总值达4.13亿元，财政总收入为931万元，农民人均收入为23636元。2016年，山川乡财政总收入为949万元。依托当地的竹笋、笋干、山核桃等农产品，山川乡已经在淘宝等电商平台上开设网店十余家，网络销售林产品总量达800万件以上。在建设期内，山川乡在电商平台开设网店50家，年销售额在3000万元以上。

山川乡森林文化体系建设成果主要体现在竹林碳汇实验示范区和美丽乡村综合展示中心。山川乡通过充分利用当地特色，结合现代科技，在毛竹现代科技园区对竹林进行分类经营，全面推广竹林配方施肥等先进适用技术，开展碳汇计量、监测、评估等实验，不断提高碳汇技术，并为开展竹产品、竹文化交流体验活动提供了示范区。其中，高家堂村建成的美丽乡村综合展示中心集旅游集散、文化中心、生态展示于一体，具有复合功能。根据美丽乡村精品观光带建设要求，山川乡对全乡绿化进行全面提升，进一步美化村庄环境。同时结合水环境治理，对水库周边、河道两岸进行绿化美化，打造具有山区特色的景观体系，项目建设长度3.5公里，面积达150亩。在乡域主要道路沿线的两侧山体重要视觉点上，山川乡利用传统造林和大地造景相结合的方式进行彩化与改造，营造五彩缤纷的视觉效果，种植的植株主要包括银杏、无患子、枫香、山乌桕、马褂木、檫树等彩色树种。

总体来看，通过对三个乡镇的调研发现，安吉县依靠自身优势的森林资源,紧紧围绕"品质、品位、品牌"的建设思路,加快发展现代都市生态旅游农业,乡村旅游蓬勃兴起,完成旅游业向休闲产业的转型,使休闲经济发展成为优势产业、富民产业和生态产业。安吉将打造成为休闲设施完善、休闲项目多样、休闲环境优化、休闲消费合理、休闲市场广阔、休闲经济持续健康发展的在长三角乃至全国范围内最具活力的大众休闲旅游目的地、大都市人群的第二居住地、休闲度假胜地和区域总部经济(创意经济)的发展高地。①

三 安吉县森林小镇建设的主要经验

安吉县森林小镇建设有序推进并取得明显成效,形成了初步的建设经验。联合调研组认为,其经验集中表现为:以科学理论和科学规划为指引;以生态资源优势为依托,实现多重功能;强化建设措施和手段的有效组合。

(一)以科学理论和科学规划为指引

通过对三个乡镇的实地调研,可以发现森林小镇的成功建设离不开科学的理论指导和规划引领。"十三五"期间,安吉县委县政府深入实施"生态立县、工业强县、开放兴县"战略,统筹推进经济建设、政治建设、文化建设、社会建设和生态文明建设,打造"三个安吉"升级版,全力建设"两山"重要思想实践示范县,加快建设生态经济示范区、美丽乡村样板区、改革创新先行区,形成"养护绿水青山—转化绿水青山—共享绿水青山"的良性循环,同时,完善的公共服务体系也为森林小镇的成功建设出了一份力。安吉县建有

---

① 任重:《县域生态经济建设的途径探析——以浙江省安吉县为例》,《当代经济》2012年第9期。

完善的县、乡镇、村三级公共服务体系，即县级有林业技术推广服务中心，乡镇有林业技术服务站，村级有专职林业技术服务人员。早在2009年底，全县已经完成16个乡镇、163个行政村的流转服务平台建设。同年12月28日安吉县建立农村土地承包仲裁委员会，聘请仲裁员18名，其在解决林农纠纷、维护社会稳定方面的作用逐渐体现。全县充分利用林下有效空间，积极发展林业经济，开展林下复合经营技术研究与应用，已形成林下培植、林下养殖、林下休闲三大模式，不断提高林地综合利用率。截至2015年底，全县培育省级林业龙头企业14家，省级骨干农业龙头企业1家，市级农业龙头企业10家，县级林业龙头企业30家。

（二）以生态资源优势为依托，实现多重功能

依托森林资源优势，安吉县以生态旅游、文化旅游为重点发展方向，大力发展集乡村旅游、康体疗养、养生养老、休闲度假、健身探险、会议商务、农业观光、生态科普等于一体的生态旅游产业。同时，依托安吉竹文化、茶文化、孝文化、昌硕书画文化、宗教文化、驿站文化、源头文化、影视文化、畲族文化、扇业文化、民俗文化等安吉本土文化资源，开展文化体验、民俗休闲、影视休闲等项目，发展旅游新业态。全县建成"泛自然博物园·县域大景区"，即围绕建设县域大景区，推进大竹海、黄浦江源、昌硕故里、白茶飘香四大组团的差异化发展，共同构建西南"U"环生态能库。同时着重构建三大区域亮点：一是把休闲旅游打造成为国家全域旅游示范区、国家级农旅融合产业开发先导区、国际乡村度假胜地；二是把健康养生打造成为长三角地区健康、休闲、养老首选区；三是把绿色食品打造成为长三角地区绿色农产品供应基地、优质农产品精深加工基地。在科学的理论指导下，将森林资源与本土的文化、项目结合在一起，安吉县走出了一条属于自己的森林小镇建设道路。

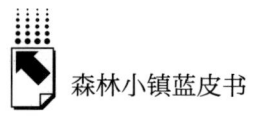

（三）强化建设措施和手段的有效组合

一是建立健全机构，加强组织领导、明确责任分工、规范建设和管理。安吉县为保障森林特色小镇的持续健康发展，更好地发挥小镇示范作用，成立了森林特色小镇建设领导小组，负责协调资金落实等工作；成立实施小组，负责具体项目实施；成立技术专家指导组，具体负责建设项目中的技术研究与推广。建立健全的工作考核机制，提高工作积极性和强化责任到人；规范项目管理，确保项目建设质量。

二是因地制宜地推进产业结构的调整。调研组通过在山川乡的走访发现，山川乡因地制宜，在竹上"做文章"。2003年，山川乡启动毛竹现代科技园区建设，2010年以山川为核心启动实施天荒坪省级现代农业园区建设。经过近几年的发展，全乡形成了以笋竹、茶叶、山核桃等为主的第一产业，以竹制品加工、绿色食品加工为代表的第二产业，以乡村旅游为特色的第三产业。山川充分发挥山区资源优势，以毛竹开发为主导产业，"接二连三"，"跨二进三"，带动林产品加工以及森林休闲养生项目的第二、三产业发展，形成了"三产联动"式的发展。这种发展模式对森林小镇发展具有重要的作用。

三是加强品牌宣传、政策扶持、招商引资。安吉县为了保障森林特色小镇的顺利建立，充分利用广播、电视、报纸等多种媒介进行大力宣传。其中，山川乡旅游系列活动以浪漫风情为主题，通过与新浪网合作、微电影大赛承办、"微"媒体的营销、浪漫山川宣传片的制作展示等措施，不断强化山川乡的品牌影响力。此外，山川乡充分利用县乡级的扶持政策，获得专项资金，用于旅游提升、产业转型升级市场拓展，积极扶持特色产业发展。在招商引资方面，严格实施投资准入管理，引进的项目具有良好的品牌性和带动性，且符合产业发展总体方向。

四 进一步促进安吉县森林小镇建设的建议

客观来看,安吉县森林小镇建设尚存在一些急需解决的问题,比如如何实现第一、二、三产业的更紧密联动,如何更好地融入文化元素,如何更好地在招商引资等方面构建长效机制。为此,联合调研组提出以下三个方面的建议。

(一)三次产业联动,形成第一产业"接二连三"、第二产业"推一带三"、第三产业"辅一联二"的发展格局

第一产业的发展提高了当地特色的农林产品质量和产出率,接着,第二产业进行产品的深加工、精加工,提高农林产品附加值,并不断优化产业结构,从粗放型向集约型转变,使产业创新升级,通过旅游休闲等服务行业引领、壮大第三产业。在发展第二产业过程中,可与农林科研机构、相关高校开展合作,建立现代科技实验基地、实验区、示范区。在发展第三产业的同时,可联动第一、二产业发展,如在农家乐中开展亲子农事体验活动,农产品加工体验活动等。三次产业紧密联动,从而在森林特色小镇建设中发挥最大效益。

(二)加强文化建设,提升当地村民思想道德素质和科学文化素质

在森林小镇建设过程中,还应注重开展文化娱乐活动,建设乡村图书馆、文化礼堂、小型历史博物馆等,开设知识技能培训班,使当地村民思想道德素质和科学文化素质进一步提升;加强文化体育设施建设,如建小公园、篮球场地、羽毛球场地等公共文体娱乐场所;提高当地村民计算机水平,进一步完善信息网络,建立与镇区规模相适

应的网络联系渠道和宣传渠道，充分利用现代营销方式，大力宣传小镇建设。

（三）"三方合作"共同推动小镇可持续发展

小镇的可持续发展，需要当地居民、经营者、管理者共同的努力。当地居民应主动学习各类知识技能，积极参与镇、村内举办的文化活动，配合镇、村级的建设要求，不断提升个人素质水平，将目光放长远。小镇中经营者应做到诚信经营，竭力提供优质服务，打响"森林特色小镇"品牌，树立良好形象，建立品牌效应。管理者既要统筹兼顾，做好领导组织工作，又要做到精细管理。

结　语

安吉县作为"两山"理论的发源地，也是全国唯一的"绿水青山就是金山银山"理论实践试点县，肩负着历史使命。因此，在全国大力开展特色小镇培育的大背景下，安吉县依托其丰厚的森林资源，在科学的理论指导下，开展美丽乡村建设和森林小镇培育，充分体现了安吉县在经济结构转型和升级、发展特色农业、调整产业结构等方面的探索和努力。尤其是，在森林小镇建设过程中，并没有随大流把"合村并居"当作核心任务，而是立足自身优势，因地制宜地打造精品农庄项目，带动农民收入提高，进而改善农民的生活品质，农民不用外出打工，通过本地就业，就能达到或接近城镇居民生活水平。安吉县森林小镇建设为其他类似的有丰富的森林资源的小镇发展提供了宝贵经验。

B.3
探索乡村振兴及绿色发展之路*

——广东省的调查

摘 要： 广东省森林小镇建设是顺应国家森林城市建设向城镇和乡村延伸的趋势，并作为乡村城镇化"补短板"的重要措施而展开的，具有不同于全国其他地区的做法和特色。通过对广州市增城区派潭镇、惠州市惠东县高潭镇、深圳市盐田区梅沙街道办事处、佛山市高明区明城镇、江门市恩平市大田镇5个"森林小镇"创建地区的专题调研发现：广东省森林小镇建设起步早，建设规划、方案、申报评审程序、评价指标等政策文件准备充分，组织工作严密有序，实施推进效率高、成效明显，初步形成了国有林场场部及工区、森林旅游和康养基地、岭南特色村落叠加的森林乡镇，城市外围森林旅游基地与街区森林人居环境统一规划、建设和管理的森林街办，森林圩镇、森林公园、森林休闲度假区、森林村庄、森里田园"五位一体"的森林乡镇三种类型，为全国森林小镇建设提供了可资借鉴的做法和经验。森林小镇建设工作的进一步推进，需

---

* 联合调研组：王景新，调研组组长，发展中国论坛副主席，中国农业经济法研究会副会长，浙江大学土地与国家发展研究院教授，浙江省特色小镇研究会终身荣誉会员；庞波，发展中国论坛秘书长、课题学术委员会委员，博士；欧国平，国家林业局圃总站国有林场发展处处长；宋彩虹，中国市场经济研究会学术委员会副主任；余国静，浙江农林大学文化学院讲师；杨昕，华中师范大学农村研究院硕士研究生。本报告执笔：王景新、余国静、杨昕。

要积极探寻非建制镇建设森林小镇的路径和方式，探索多样化的森林小镇评价标准并探索解决森林特色小镇的建设用地问题。

关键词： 森林城市群　森林小镇　特色产业　全域创建　广东省

坚持人与自然和谐共生，走乡村绿色发展之路，是中国特色社会主义乡村振兴道路之一。森林小镇是以提供森林观光旅游、休闲度假、运动养生等生态产品和服务为主要特色的，融产业、文化、旅游和社区功能于一体的特色小镇。森林小镇建设不仅是坚持绿色生态导向、推进农业现代化及农村可持续发展和统筹城乡生态建设的重要举措和抓手，而且有利于实现山区农村森林资源及水源地的保护与乡村发展的和谐共生，促进城乡居民生态服务均等化，因此，森林小镇建设必将成为中国新时代实施乡村振兴战略、绿色发展和健康中国建设的重要推进平台。

就全国而言，森林小镇建设是在乡村小城镇发展和农民就地就近城镇化的过程中，在特色小镇建设①推进阶段起步的。广东省的森林小镇建设则是贯彻落实中央关于支持绿色城市、森林城市建设的决策部署，在实施国家"十三五"规划和《珠三角国家森林城市群建设规划（2016～2025年）》中起步的，其间，学习借鉴了浙江省特色小镇建设的经验，因此，广东省的森林小镇还被认为是森林城市建设的延伸，是珠三角森林城市群的末端。2015年10月29日，中国共产党第十八届中央委员会第五次全体会议通过的《中共中央关于制定国民经济和社会发展第十三个五年规划的建议》中提出："发挥城市

---

① 2016年7月1日，住房城乡建设部、国家发展改革委、财政部颁发《关于开展特色小镇培育工作的通知》（建村〔2016〕147号）。

群辐射带动作用，优化发展京津冀、长三角、珠三角三大城市群，形成东北地区、中原地区、长江中游、成渝地区、关中平原等城市群。发展一批中心城市，强化区域服务功能。支持绿色城市、智慧城市、森林城市建设和城际基础设施互联互通"。《中华人民共和国国民经济和社会发展第十三个五年规划纲要》进一步强调，要"根据资源环境承载力调节城市规模，实行绿色规划、设计、施工标准，实施生态廊道建设和生态系统修复工程，建设绿色城市"。

广东省经济发达，珠三角在城市建成区的面积和人口两方面都已成为世界最大都市区，经济转型和绿色发展的需求更为紧迫。2012年，广东省启动了新一轮"绿化广东大行动"，随后提出建设珠三角国家森林城市群。2016年8月，国家林业局批复了《珠三角国家森林城市群建设规划（2016~2025年）》（以下简称《规划》）。2017年6月，经广东省人民政府审议通过后实施。这是全国首个国家森林城市群建设规划，它的建设目标是：到2018年，包括广州、深圳、珠海、佛山、江门、东莞、中山、惠州和肇庆在内的珠三角9市全部成功创建国家森林城市，到2020年基本建成国家级森林城市群（见专栏3-1）。《规划》还提出，到2020年，广东省的森林覆盖率要达到52%，林地绿化率达到95%以上，自然湿地保护率达到85%以上，生态公益林的比例达到60%以上，国家森林城市达标率达到100%，50%以上的城镇达到森林小镇的建设标准，形成生态优美、环境宜居、和谐自然的森林城市群落。

专栏3-1

国家森林城市

国家森林城市是指城市生态系统以森林植被为主体，城市生态建设实现城乡一体化发展，各项建设指标达标并经国家林业主管部门批准授牌的城市。中国森林城市建设是在贯彻科学发展观的基础上起步的。早在2004年，时任中共中央政治局常委、全国政协主席贾庆林为首届中国城市森林论坛作出"让森林走进城市，让城市拥抱森林"批示。同时，全国绿化委员会、国家林业局启动了"国家森林城市"评定程序，制定了《"国家森林城市"评价指标》和《"国家森林城市"申报办法》。2016年8月，国家林业局发布关于《国家森林城市称号批准办法》（征求意见稿）公开征集意见的通知。截至2017年10月，全国获得"国家森林城市"称号的共有137个城市，涉及25个省（自治区、直辖市），其中广东省7个（广州、惠州、东莞、珠海、肇庆、佛山、江门），占5.1%。广东参与国家森林城市建设的还有7个城市（深圳、中山、汕头、梅州、茂名、潮州、阳江），覆盖了省域内一半以上的地级市。

资料来源：根据网络资料综合整理。

由此可见，广东省的森林小镇建设是适应国家森林城市建设向城镇和乡村延伸的趋势，并作为乡村城镇化"补短板"的重要措施而展开的。上述背景，决定了广东森林小镇建设有不同于全国其他地区的做法和特色，这是课题组选择广东森林小镇作为调研样本的重要原因。

2017年8月21日至26日，本课题组对广东省森林小镇示范、试点单位开展了专题调研。此次调研由发展中国论坛副主席、课题学术委员会委员、浙江大学土地与国家发展研究院教授王景新带队，发展中国论坛秘书长、课题学术委员会委员庞波，国家林业局场圃总站国有林场发展处处长欧国平等一行6人，在广东省绿化委员会办公室主任、广东省林业厅森林城市建设办公室常务副主任陈庆辉的陪同下，先后深入广东省广州市增城区派潭镇、惠州市惠东县高潭镇、深圳市盐田区梅沙街道办事处、佛山市高明区明城镇、江门市恩平市大田镇5个"森林小镇"创建地区开展专题调研。[①] 调研内容包括：国有林

[①] 本课题组衷心感谢广东省绿化委员会办公室、广东省林业厅、广东省相关研究机构及调研样本市、县（区）、乡（镇、街办）的各级党委政府、林业和园林局、国有林场、企业、村落等所有调研单位和所有参与者对本次调研的大力支持。

场（森林公园）属地的地方政府关于森林小镇建设的总体规划和部署；试点小镇、国有林场（森林公园）等对森林小镇建设的认识、想法、做法和出现的新情况、新问题及其政策诉求；对下一步森林小镇建设和评价指标的建议。调研方法采取实地考察和召开小型座谈会的形式进行，调研过程中主持召开了5次座谈会（见表3-1）。本调研报告的撰写是建立在上述内容的基础上的。

表3-1 广东省森林小镇调研座谈会

时间	地点	座谈会参加人员
2017年8月21日	广州市增城区派潭镇大丰门林场	广东省绿委办主任陈庆辉，广东省国有林场和森林公园管理局科长江堂龙，广东省岭南综合勘察设计院院长战国强，广东省岭南综合勘察设计院副院长陈楚民，华南农业大学林学院教授陈丽丽，广州市林业和园林局规划调研处处长杨宏宇，广州市林业和园林局规划调研处科长张盛，增城区林业和园林局局长、党委书记刘丰，派潭镇人民政府镇长、党委副书记陈健东，增城区林业和园林局副局长曾勇坚，派潭镇党委员曹赞新，增城区绿委办主任赖桉良，增城区大封门林场负责人陈天生，派潭镇农业技术服务中心主任谭国先。调研组全体成员
2017年8月22日	惠州市惠东县人民政府	广东省绿委办主任陈庆辉、广东省国有林场和森林公园管理局科长江堂龙、广东省岭南综合勘察设计院院长战国强、广东省岭南综合勘察设计院副院长陈楚民、华南农业大学林学院教授陈丽丽。调研组全体成员
2017年8月23日	深圳市盐田区政府（梅沙街道办事处）	广东省绿委办主任陈庆辉、广东省国有林场和森林公园管理局科长江堂龙、广东省岭南综合勘察设计院院长战国强、广东省岭南综合勘察设计院副院长陈楚民、华南农业大学林学院教授陈丽丽、深圳市林业局规划调研处处长、深圳市林业和园林局规划调研处科长、深圳市城管局园林与林业处副处长黎明、深圳市创森办负责人庄平弟、深圳市创森办办事员周莉、深圳市创森办办事员官婷、盐田区委常委雷卫华、盐田区城管局局长陈文盛、盐田区城管局副调研员林业王卓勇、盐田区城管局城管科科长韩俊永、盐田区城管局林业科科长关震、梅沙街道办事处党工委书记吴坤生、梅沙街道办事处党工委副书记李畅宇、梅沙街道办城管科科长卢浩。调研组全体成员

续表

时间	地点	座谈会参加人员
2017年8月24日	佛山市高明区明城镇（云勇林场）	广东省林业政务服务中心副主任李涛、广东省国有林场和森林公园管理局科长江堂龙、广东省岭南综合勘察设计院院长战国强、广东省岭南综合勘察设计院副院长陈楚民、华南农业大学林学院教授陈丽丽。调研组全体成员
2017年8月25日	江门市恩平市大田镇（河排林场）	广东省林业政务服务中心副主任李涛，广东省国有林场和森林公园管理局科长江堂龙，广东省岭南综合勘察设计院院长战国强，广东省岭南综合勘察设计院副院长陈楚，江门市林业和园林局党组书记、局长陈旻，江门市林业和园林局党组成员、副局长陈军，江门市林业和园林局绿化科科长赵真庆，恩平市副市长劳沈川，恩平市林业局局长朱明君，大田镇镇委书记冯锡谋，大田镇镇长张玉婷，河排林场长冯诚泽。调研组全体成员

一 广东省森林小镇建设的总体状况

2016年12月，广东省启动了森林小镇示范镇试点建设工作，确定首批12个森林小镇示范镇进入试点建设，其中包括生态旅游、岭南水乡、休闲宜居三种类型（见表3-2）。2017年6月2日，经广东省人民政府同意，广东省林业厅印发了《广东省林业厅关于大力推进森林小镇建设的意见》（粤林〔2017〕75号）及相关评价标准和工作方案。这份文件早于2017年7月4日发布的《国家林业局办公室关于开展森林特色小镇建设试点工作的通知》（办场字〔2017〕110号）。

集中反映广东省森林小镇建设工作方案、要求和相关规定的文件，当属《广东省林业厅关于大力推进森林小镇建设的意见》。这份文件规定了全省森林小镇建设的"总体要求""建设类型与任务""申报程序""动态管理""保障措施"等内容，此外，还有《广东省森林小镇评价指标》《广东森林小镇建设工作方案》《广东省森林小镇申报表》三份附件。广东森林小镇建设"总体要求"是

表3-2　广东省首批森林小镇示范、试点镇

序号	示范试点镇	所属市、县(区)	建设类型
1	派潭镇	广州市增城区	生态旅游型
2	南澳办事处	深圳市大鹏新区	生态旅游型
3	三灶镇	珠海市金湾区	岭南水乡型
4	南山镇	佛山市三水区	生态旅游型
5	清溪镇	东莞市	休闲宜居型
6	东凤镇	中山市	岭南水乡型
7	横河镇	惠州市博罗县	休闲宜居型
8	那吉镇	江门市恩平市	生态旅游型
9	凤凰镇	肇庆市鼎湖区	生态旅游型
10	后宅镇	汕头市南澳县	生态旅游型
11	上举镇	梅州市平远县	生态旅游型
12	钱排镇	茂名市信宜市	生态旅游型

"'十三五'期间,全省要建成200个森林小镇,珠江三角洲地区认定数量要达到50%以上"。广东省森林小镇示范试点分为三种类型,即"依托城镇建成区的森林绿地,以满足城乡居民日常休闲、健身锻炼、文化娱乐等需求为目标"的休闲宜居型森林小镇;"依托丰富的生态旅游资源,以促进城镇绿化发展、壮大森林生态旅游为目标"的生态旅游型森林小镇;"依托城镇乡村的河湖水系等湿地景观,以保护岭南独特的水乡风貌、重构绿色生态水网目标"的岭南水乡型森林小镇。广东省森林小镇评价指标分为"通用指标"和"特色指标"两大类,共18项二级指标,其中,通用指标12项,特色指标6项,其评价要求是:所有的森林小镇必须满足全部通用指标的要求。特色指标只要求不同类型的森林小镇分别达标,其中,休闲宜居型森林小镇满足街道绿化率和人均公园绿地率两项特色指标;生态旅游型森林小镇满足生态旅游场所和生态旅游配套设施两项特色指标;岭南水乡型森林小镇满足湿地保护率和湿地公园两项特色指标(见专栏3-2)。

专栏 3-2

广东省森林小镇评价指标（摘要）

1. 通用指标

①森林覆盖率：山区（即林地率≥60%）达 50% 以上；半山区和丘陵区（即 20%≤林地率<60%）达 30% 以上；平原区（即林地率<20%）达 15% 以上。湿地面积占镇域面积 5% 以上的镇，在计算森林覆盖率时，扣除超过 5% 的湿地面积计算森林覆盖率。

②新增造林绿化面积：认定前两年累计新增造林绿化面积占镇域总面积的 0.5% 以上。

③生态公益林比例：休闲宜居型森林小镇和岭南水乡型森林小镇生态公益林比例不低于 30%；生态旅游型森林小镇生态公益林比例不低于 45%。

④镇区绿化覆盖率：达到 30% 以上。

⑤休闲游憩绿地建设：镇区建有多处以各类公园为主的休闲绿地，使居民出门 500 米有休闲绿地；镇域范围内建有森林公园、湿地公园或其他面积 10 公顷以上的郊野公园等生态旅游休闲场所 2 处以上。

⑥乡村绿化：建有县级以上乡村绿化美化示范村、宜居社区示范点或生态文明建设示范村等具有相关称号的社区、村庄 3 个以上。

⑦水岸林木绿化率：达 80% 以上。

⑧义务植树尽责率：达 85% 以上。

⑨重大案件数：认定前两年，无发生严重非法侵占林地、湿地、绿地，破坏森林资源，滥捕乱猎野生动物等重大案件。

⑩科普宣传：在森林公园、湿地公园、植物园、动物园、自然保护区的开放区等公众游憩地，设有专门的科普小标识、科普宣传栏、科普馆等生态知识教育设施和场所。每年举办镇级生态科普宣传活动 3 次以上。

⑪古树名木保护率：达 100%。

⑫资金投入比例：认定当年，用于绿化造林的资金不低于一般财

政总支出的1%。

2. 特色指标

①街道绿化率：达95%以上。

②人均公园绿地面积：达11平方米以上。

③生态旅游场所个数：镇域内建有1处以上森林生态旅游示范基地或县级以上森林公园、湿地公园、自然保护区等生态旅游场所。生态旅游场所空气负离子含量达1000个/立方厘米以上。

④生态旅游配套设施：生态旅游场所可进入性好，道路畅通，旅游标识清晰；总接待床位不少于500张，总接待餐位不少于500个。

⑤自然湿地保护率：达60%以上。

⑥湿地公园个数：修复水系水景，形成亲水环境，增强岭南水乡特色，至少建设县级以上湿地公园1处。

资料来源：广东省林业厅提供的文件。

按照上述标准，至2017年9月末，广东省林业厅组织专家，对各地申报的森林小镇展开评审、核验并征求广东省发改委、财政厅、住房城乡建设厅的同意，认定和公布了38个镇（乡、街道）为广东省首批森林小镇（见专栏3-3）。

专栏3-3

广东省首批森林小镇名单（2017年9月）

广州市　　增城区派潭镇　增城区正果镇
　　　　　花都区梯面镇　南沙区黄阁镇

深圳市　　盐田区梅沙街道　大鹏新区南澳办事处

珠海市　　金湾区三灶镇

汕头市　　南澳县后宅镇

佛山市　　高明区明城镇　三水区南山镇

韶关市	乐昌市九峰镇　南雄市帽子峰镇
	始兴县深度水瑶族乡
河源市	东源县康禾镇
梅州市	梅江区金山街道　梅县区石扇镇　平远县上举镇
惠州市	博罗县横河镇　龙门县蓝田瑶族乡
东莞市	东城街道　道滘（jiào）镇　清溪镇
中山市	南朗镇　板芙镇　古镇镇　南头镇
江门市	恩平市那吉镇　恩平市大田镇
	台山市川岛镇　新会区崖门镇
阳江市	阳东区东平镇　阳春市春湾镇
茂名市	信宜市钱排镇　高州市根子镇
肇庆市	鼎湖区凤凰镇
潮州市	潮安区文祠镇　饶平县上饶镇　潮安区赤凤镇

资料来源：广东省林业厅。

总体来看，广东省森林小镇建设有如下特色。

第一，广东省森林小镇建设的目标追求更宽泛、更宏大。国家林业局的办场字〔2017〕110号文件在森林小镇"建设目的"中阐述："森林特色小镇是指在森林资源丰富、生态环境良好的国有林场和国有林区林业局的场部、局址、工区等适宜地点，重点利用老旧场址工区、场房民居，通过科学规划设计、合理布局，建设接待设施齐全、基础设施完备、服务功能完善，以提供森林观光游览、休闲度假、运动养生等生态产品与生态服务为主要特色的，融合产业、文化、旅游、社区功能的创新发展平台"。"开展森林特色小镇建设"目的在于"提高国有林场和国有林区吸引和配置林业特色产业要素的能力，推动资源整合、产业融合，促进产业集聚、创新和转型升级"；推动"国有林场和国有林区改革，助推林场林区转型发展，改善国有林场和国有林区生产生活条件、增加职工收入，增强发展后劲"；"促进林业供给侧结构性改革……着力践行习近平总书记提出的'绿水青山就是金山银山'等新发展理念"。广东省的粤林〔2017〕75号文件强调，"适应森林城市建设向城镇和乡村延伸的趋势，融合森林、绿地湿地资源，统筹城镇和乡村生态建设，保护自然生态风貌，促进均等化生态服务，弘扬乡土生态文化，打造宜居生态环境，满足人民群众生态需求，实现镇域经济、社会、生态、文化协调永续发展"。由此可见，国家林业局关于森林小镇建设的重心在于国有林场改革、林区经济发展方式转型；广东省森林小镇建设的重心是森林城市群的体系化建设、统筹城乡经济生态文明建设和永续发展。应该说，广东省森林小镇建设的目标追求的范围更为广阔、目标更为宏大。但是，将"森林小镇"内涵的边界扩大到整个建制镇（乡、街办）所辖行政区域，建成的是森林小镇，还是森林乡镇，需要理论上更深入的讨论。

第二，广东省森林小镇建设的工作重心是乡村集镇"存量"改造，而非小城镇"增量"建设，强调建制镇（乡、街办）全域绿化和打造绿色镇域经济新格局。广东省首批认定的38个森林小镇中，32个建制镇、2个乡、4个街道办事处。这样做，一是囿于住房和城乡建设部、国家发展和改革委员会、财政部关于"特色小镇原则上为建制镇（县城关镇除外），优先选择全国重点镇"的相关规定[①]。二是适应广东省森林小镇建设的目标追求。广东省森林小镇的三种类型，就其创建路径和呈现形式而言，都是以现有建制镇（乡、街办）为单元，整合域内的森林资源（包含域内国有林场或森林公园等）、水库和湿地资源以及集镇建设和美丽乡村建设的成果，采取林区、集

---

① 住房和城乡建设部、国家发展和改革委员会、财政部《关于开展特色小镇培育工作的通知》（建村〔2016〕147号）。

镇和村庄联动的方式，使全域的森林生态指标、特色产业、集镇规模、旅游功能等方面的指标，达到森林小镇规定的要求。

第三，森林小镇建设已经成为各市、县（区）对接森林城市建设、促进山区发展和乡村振兴的重要抓手之一。《广东省森林小镇建设工作方案》要求："各县（市、区）人民政府要认真贯彻落实经省人民政府同意的《广东省林业厅关于大力推进森林小镇建设的意见》精神，把森林小镇建设作为一件大事来抓，统筹协调全县森林小镇建设……"在这样的氛围下，各市、县（区）党委、政府都把森林小镇建设作为森林城市建设的重要部分来抓。比如：①广州市已进入国家森林城市序列，该市《森林小镇建设规划（2017～2020年）》（征求意见稿）面向社会征求意见，引导公众对森林小镇建设的广泛讨论和参与。该市增城区科学规划、统筹布局森林小镇和生态文明建设，全区林地面积达到118.4万亩，占广州市林地总面积的27%，森林覆盖率为55.89%，建城区绿化覆盖率为42.71%，建城区绿地率为36.80%，人均公共绿地面积为22.49平方米。至2017年9月末，增城区派潭镇和正果镇、花都区梯面镇、南沙区黄阁镇等4镇，已经被认定为广东省首批森林小镇。②惠州市也已进入国家森林城市序列。该市惠东县计划至2018年建成高潭、巽寮、港口、平山、平海5个森林小镇，其中，高潭是中国共产党早期农民运动领袖彭湃点燃农民运动烈火的地方，2016年8月，惠州市委、市政府发布《高潭革命老区"建成三个基地、办好十件实事"实施方案》，要把高潭建成"全国爱国主义教育基地、全国党史教育基地、特色产业基地"和环境优美、社会和谐的宜居宜业宜游的森林乡镇（见专栏3-4）。③深圳市盐田区承接珠三角森林城市群建设工作，在23.96平方公里的规划建设用地上，建成大小公园63座，建成绿道253公里，辖区森林覆盖率达到65.62%，建成区绿化覆盖率为44.6%，19.5公里的海岸线被誉为"中国最美八大海岸线"之一。该区梅沙街道已建成森林小镇。④佛山市自2013年以来，按照建设珠三角国家森林城市群的战略要求，投资86.15亿元建设国家森林城市，全市森林面积达到160.35万亩，市域森林覆盖率为36.3%、建成区绿化覆盖率为40.98%、建成区人均公园绿地面积14.67平方米，40项指标均达到或超过国家森林城市评价指标要求，顺利进入国家森林城市序列。该市将森林小镇建设纳入全市创建森林城市工作方案，作为全市"创森"新增的工作内容，至2017年9月末，该市三水区南山镇、高明区明城镇已被认定为广东省首批森林小镇。⑤江门市也是国家森林城市之一，在"创森"工作中积极推进森林小镇建设，至2017年9月末，该市恩平市那吉镇和大田镇、台山市川岛镇、新会区崖门镇4镇，已被认定为广东省首批森林小镇。

专栏3-4

创建中的惠东县高潭森林小镇

高潭镇位于惠东县东北山区，镇域总面积为196平方公里，其中山地面积为174.3平方公里（26.15万亩），占镇域总面积的88.93%。镇区距离惠东县城98公里、距离惠州市区134公里。该镇辖13个村和1个社区，其中11个行政村先后获得"惠州市生态示范村"称号，全镇总人口为1.8万人，耕地面积为13470亩。镇区内森林覆盖率为88%，山地面积中，可开发利用面积为13万亩，占山地面积的49.7%，农业、林业发展潜力大。2016年，全镇实现地区生产总值5.19亿元，财政收入2000多万元，农民人均可支配收入11141元。2017年上半年，全镇固定资产投资3亿元，同比增长544.4%。

高潭是东江地区革命斗争的发源地之一，被称为"广东的井冈山"。1922年秋，被毛泽东主席称为"农运大王"的中国农民运动领袖彭湃到高潭点燃了农民运动的烈火。1923年，高潭全区24个乡成立了农会。1925年，成立了中国共产党特别支部。1927年秋，中共东江特委、东江革命委员会先后迁至高潭中洞办公；同年10月，南昌起义部队到高潭中洞整编，并先后在中洞建立了我军历史上最早的兵工厂、军装厂、印刷厂、红军医院、红军俱乐部，中洞在东江革命史上被誉为"东江红都"。1927年11月11日，高潭成立了全国第一个区级苏维埃政府。1945年，海丰、陆丰、惠阳、紫金、五华五县边区民主政府在高潭成立。为加快革命遗址保护与修复，还原"东江红都"的历史面貌，惠东县成立了"海陆丰革命老区振兴发展工作领导小组"，制定了《广东海陆丰革命老区惠东振兴发展规划（2016~2020）》《惠东县落实广东省海陆丰革命老区开发建设方案》。惠州市委、政府也加大了支持高潭镇域经济发展的支持，加快了高潭镇经济社会发展。

2017年，高潭镇启动了森林小镇创建工作，主要做法如下。①环境整治，优化生活环境。高潭镇投资200余万元，开展新联河、黄沙河、中洞河等河道的清淤绿化；投资3200余万元开展中洞河景观改造、黄沙河景观整治工作；投资1700余万元建设圩镇生活污水处理厂和污水管网配套建设，已建成7个村的生活污水处理设施；投资800万，新增1个垃圾处理站、13个垃圾屋、15个垃圾分类亭、143个垃圾池和其他环卫设备。在上述新建项目的同时，推进全镇畜禽养殖污染综合整治工作。②红色文化及配套旅游设施建设。预计总投资4.25亿元，其中，投资2.5亿元建设惠州市委党校高潭校区；投资5745万元，重建、改建高潭革命老区历史陈列馆、纪念堂；投资6280元建设高潭老区马克思街、改建列宁街及其停车场等配套设施；投资5500万元，修复和建设高潭中洞百庆楼等15处革命遗址及旅游配套设施。③培育绿色产业，增添镇域发展动力。其一，封山育林、扩大生态公益林、改造桉树等速生林、鼓励企业和农户种植经济林、保护森林资源。其二，用好森林产业，林区主要树种为桉树，木材产量为10万立方。其三，发展茶产业，规模约有5000亩，规划联动森林小镇区域外的其他山地区域，共同建设茶文化产业园和生态旅游区。其四，规划建设森林公园。其五，发展绿色新能源产业：一是建设农业光伏生态产业园，该产业园占地2000亩，总投资2.5亿元，装机容量为30MW，年均发电量为3468.66万kmh；二是建设高潭抽水蓄能电站观光项目。这些做法，融合了支持革命老区加快发展和森林小镇建设的政策措施和机制。我们相信，不久，高潭森林小镇将以崭新的姿态展现在人们面前。

资料来源：根据调查座谈材料和笔记整理。

二 广东森林小镇的类型、建设路径、投资和产业特色

广东省森林小镇示范试点建设的休闲宜居、生态旅游、岭南水乡三种类型，是从小镇建设所依托的资源优势、目标及其需要体现的特色和功能来划分的。如果从森林小镇的核心区域、辐射范围、建设路径和产业特色来看，大体上也可以分为三种类型，即国有林场场部及工区、森林旅游和康养基地、岭南特色村落叠加的森林乡镇；城市外围森林旅游基地与街区森林人居环境统一规划、建设和管理的森林街办；森林圩镇、森林公园、森林休闲度假区、森林村庄、森里田园"五位一体"的森林乡镇。

（一）国有林场场部及工区、森林旅游和康养基地、岭南特色村落叠加的森林乡镇

第一种类型是国有林场改革和经济转型发展过程中，利用原国有林场场部的存量建筑和建设用地，通过维修、改建、扩建，新建成旅游基础设施和三次产业融合发展的生产设施；同时利用国有林场工区

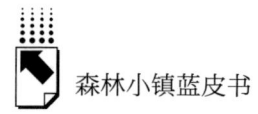

的森林资源及周边农村的特色资源,建设森林旅游基地、健康疗养基地,集聚人口和产业,形成森林小镇的核心区域;再以此为圆心,向镇域内的岭南特色村落建设拓展。三方面的建设成果叠加成森林乡镇。广州市增城区派潭镇、佛山市高明区明城镇等,就是通过这样的路径建成森林小镇的。

1. 派潭森林小镇的建设路径、投资和产业特色

派潭镇经济发展和小城镇建设基础好(见专栏3-5),镇域内资源森林和旅游资源丰沛,是广州东北部生态屏障、珠三角的"绿肺",其中国有大封门林场(广州市增城区属)的森林资源和旅游资源特色鲜明,国有林场转型发展成效明显。这些有利条件融入派潭镇森林小镇创建工作之中,使派潭镇形成了一个以大封门林场白水寨风景区为核心、逐步衍生出锦绣温泉城、香江健康山谷等独具特色的森林产业项目,外围联合邓村石屋等传统村落的资源禀赋,"同心圆"式层层铺开的森林小镇。

专栏 3-5

派潭镇经济社会基本情况

派潭镇位于广州市增城区东北部,是全国特色景观旅游名镇、中国十大文化休闲旅游镇。镇域总面积289.5平方公里,常住人口8.5万人,辖36个行政村和1个居委会,是增城区最大的山区镇,镇域内国有大封门林场(增城区属)批建面积32平方公里(4.8万亩)。全镇森林用地总面积35.3万亩,其中有林地面积29.6万亩,森林覆盖率为81.3%,其中生态公益林18.1万亩(包含国有大封门林场生态公益林4.72万亩),占全镇有林地总面积的61.1%。全镇休闲游憩绿地81个,人均绿地面积18.6平方米。区域内有中国大陆落差最大的高山瀑布——白水仙瀑布。派潭镇建有广州市最早的绿道,长66.6公里。

资料来源:根据调查座谈笔记整理。

（1）建设路径：国有林场转型、森林旅游产业开发与岭南特色村落建设联动

国有林场转型。大封门林场位于派潭镇高滩境内，林场成立于1983年5月，辖大封门、西坑、佛坳、白水寨4个护林站。林场工区原为采矿区，水土流失严重，经过20多年的封山育林及多次补植、套种，形成了现有林相整齐的原生态林区。2000年10月，经广州市林业局批准，建立大封门森林公园，批建面积4.8万亩，其中生态公益林面积47163亩，森林覆盖率达97.4%，70%为天然阔叶次生林。2015年下半年，大封门林场围绕"保护生态、保障职工生活"两大目标启动改革。目前，该林场改革任务基本完成，为公益一类事业单位，主要功能定位于保护培育森林资源、维护国土生态安全和提供生态公益服务，林场告别了以砍树为主的生产经营模式。2016年，编制森林公园和森林小镇发展规划，助力属地派潭镇森林小镇建设。目前，大封门森林公园已经对外开放，林场场部职工住房、办公用房、食堂、招待所等建筑已经修缮一新，具备了旅游接待能力。此外，与林场场部一墙之隔的香江健康山谷（见专栏3-6）集聚人口1000多人，加上与林场场部邻近的背阴、下九陂、榕树下、东洞、高滩（中心村）等6村的民居建筑群、产业和3000人口，形成了一个以大封门林场场部和香江健康山谷的建筑群为中心，向外延伸至白水寨风景区和大封门森林公园，有一定规模的建筑群、人口、森林特色产业、旅游服务和社区功能的森林小镇核心区域。

专栏3-6

香江健康山谷

香江健康山谷位于广州市增城区北部山区的派潭镇，与国有大封门林场比邻，为锦绣香江温泉城旗下健康产业。区域内林木终年繁盛，空气中负离子含量达14.1万个/立方厘米，为华南地区之最。香

江健康山谷建设用地为高滩村土地征用，企业是经国土局拍卖而得使用权，于2010年5月建设完工并开始试营业，2011年5月正式开放。香江健康山谷温泉度假酒店，是按国际七星级酒店标准、融合欧式独特简约建筑风格，有268间各类客房。谷内建有养生别墅群，南中国顶级生态私密家园林及中医养生温泉区等康养设施，也是国家中医"治未病"研究基地服务示范点，聘请广东省中医院医师定时坐诊，主要服务为面向老年群体的中医仪器预防检测，另开辟辟谷项目、养生枕、养生茶等周边产业。

资料来源：本课题组实地调查。

森林旅游产业开发。白水寨风景区（4A级）是在大封门林场白水寨护林站的基础上发展起来的。白水寨护林站所辖区域山高林密，雨量充沛，拥有原始森林、浅滩湿地、峡谷天池等广东省罕见的自然生态资源，山林空气中的负离子含量高达11.25万个/立方厘米，被誉为"天然氧吧"。大封门林场将这一资源租赁给旅游公司经营，每年收取资源使用费（定租）580万元。据景区介绍，2016年，白水寨风景区游客60万人次（不含免票），门票价格为60元/人，门票合计收入约3700万元。白水寨风景区日常游客量为1000～2000人/天，意味着景区每天在此生活的人口近似于一个小集镇的规模。

岭南特色村落建设联动。邓村村民委员会位于派潭镇东南部，村域面积为2.7平方公里，辖5个合作社（村民小组），303户，1276人，其中石屋合作社49户、285人。石屋自然村是一个客家村，清乾隆中期建村，至今已有240多年的历史，是广州市为数不多、增城区保存最完整的客家围龙屋之一，至今保存完整，留存有历史建筑70多间（见专栏3-7）。2015年初，石屋被广州市增城区选定为岭南特色村落建设试点村。派潭镇利用番禺区对口帮扶美丽乡村建设资金1000万元，对石屋社的旧祠堂、古碉楼等文物保护单位及古建筑进行修缮，同时整合石屋社"林、田、塘、溪、屋"资源，招商选资，引进广东盟润建设发展有限公司，投资2000万元，按照"岭南古村、客家石屋、田园人家"的主题定位，建设"以岭南乡村文化体验为主题"的休闲度假目的地。该项目于2016年8月6日正式动工，至笔者调查日，邓村村石屋社岭南特色村落建设已现雏形。

类似于石屋岭南特色村落建设，同时在全镇展开。2013～2015年，派潭镇投入1504万元，完成全镇15个村庄的绿化美化和环村绿化带建设，其中3个村为增城区美丽乡村建设示范点。

专栏3-7

派潭镇邓村石屋社的村落布局与历史建筑

石屋村民的祖先与太平天国著名将领石达开有渊源。村落建筑既是客家文化的体现，也受到军事文化的影响。石屋的村头村尾各建一座门楼，整村布局类似一个大型封闭的四合大院，院内民居布局以威武堂为中轴，左右各建一路3座民宅，民宅左右5条纵巷，前后有3条横巷分隔，靠左边民宅建有砖木石结构的6层高的炮楼（碉楼），炮楼内除了阁楼、书房、射孔以外，一楼还有水井、仓储间，危难时可以容纳全村居民避险、避乱。垂直于门楼处建有一排9间民宅，其后是一排20间民宅。民宅结构均为悬山顶、人字山墙、灰塑屋脊，屋面盖瓦，灰砖砌墙，村内民宅间间相连、排排相接，呈带状，连绵不断，至今保存较为完整。

资料来源：根据实地调查整理。

(2) 建设资金：自筹为主，财政为辅、市场运作

派潭镇森林小镇建设经费主要来源于镇级自筹（见表3-3）。近三年来，派潭镇森林小镇建设投入有所增长，由2014年的585.63万元增加到2016年的1207.76万元，其中市级财政资金投入三年来的

占比分别为30.87%、5.5%和22.7%。此外，派潭镇在森林小镇建设过程中招商引资，与企业多层次、宽领域合作，激活市场主体的力量，为森林小镇可持续发展奠定了基础，其中典型案例如上所述的白水寨风景区的建设和石屋岭南特色村落的建设。

表3-3 派潭镇2014~2016年森林小镇建设投入

单位：万元

	2014年	2015年	2016年
总资金投入	585.63	1895.99	1207.76
其中：财政资金	180.78	103.64	274.16
其中：中央	0	0	0
省级	0	0	0
市级	180.78	103.64	274.16
自筹资金	404.85	1792.35	933.6
社会资金	0	0	0

资料来源：实地调查。

（3）产业特色：镇域绿色产业群块状集聚

在森林小镇创建过程中，派潭镇形成了以生态旅游、康养产业为核心的全域性绿色产业群，包括：以大封门国家森林公园、香江健康山谷、白水寨风景区、高滩中心村等为核心区域的生态旅游、健康疗养产业群；以邓村石屋岭南古村落为核心区域的岭南特色乡村旅游产业群；加上目前正在推进建设的白水寨健康小镇以及森林海欢乐水城、金叶子温泉酒店健康服务区、三英温泉酒店二期、香江健康山谷三期康复疗养中心等项目，将形成新的块状集群。

派潭镇旅游产业发展较快，至笔者调查日，派潭镇已经建成星级酒店7家，其中五星级4家，建成万家旅舍163家，总接待床位超过3000个，总接待餐位30000个。2016年，派潭镇全镇共接待游客596

万人次,实现旅游收入 16.8 亿元,分别同比增长 10.2% 和 7.2%。2016 年,全镇地区生产总值 19 亿元,其中林业产值 5500 万元,占镇域总产值的 2.9%,一般预算财政收入 9000 多万元。农民人均可支配收入 1.5 万元。一个以森林旅游、健康疗养为主体的旅游产业链正在形成,逐渐成为派潭镇森林小镇建设的特色标杆、镇域绿色生态经济发展的主引擎。

2. 佛山市高明区明城镇森林小镇建设路径和产业特色

明城镇的森林小镇建设路径与派潭镇大同小异。该镇自 2016 年启动森林小镇建设以来,全镇累计新增造林面积 101 公顷,占镇域总面积的 0.6%,镇内森林面积由 2016 年的 10025.9 公顷,增加至 10126.9 公顷,森林覆盖率上升至 60.3%,圩镇镇区绿化覆盖率为 42%,人均绿地面积达 16 平方米/人,实现主要街道绿化率 100%,镇区居民出门 500 米内有休闲绿地的目标。2017 年 9 月末,明城镇被广东省认定为首批森林小镇。明城森林小镇及其产业特色,突出地体现在黉(hóng)宫文化与绿城宜居的叠加(见专栏 3-8)。

专栏 3-8

佛山市高明区明城镇基本情况

明城镇位于珠江三角洲西部,佛山市高明区中心腹地。全镇总面积 186.5 平方公里,辖 1 个居委会、11 个村委会、150 个自然村,总人口 58000 多人,户籍人口 42244 人,是国家小城镇经济综合开发示范镇,著名侨乡,也是广东的省级中心镇之一。

明城镇始建于公元 1475 年,历史悠久,崇文重教,文人学士辈出,早在明清时期就建立了黉宫教育机构,涌现出如南宋淳熙年间名士谭惟寅,"岭南诗派"代表人物"区氏三杰",清朝《劝世良言》作者梁发,近代著名无产阶级革命家谭平山、谭植棠、谭天度等一大批优秀人才,是国家教育强镇。1890 年,明城镇"黉宫"代表建筑

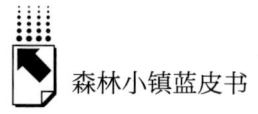

由东洲寺改建而成东洲书院,中国近代史上赫赫有名的"高明三谭一陈"均在此求学。

资料来源:根据实地调查整理。

明城镇森林小镇建设中,圩镇改造和镇域绿化、美化的建设资金来源主要依靠市、区和镇级财政投入。2016年,明城镇总投入1709.83万元,着重开展圩镇增绿护绿工程。

明城镇森林公园建设包含域内云勇国有林场改革和森林公园建设、泰康山森林休闲度假区的建设,主要依靠国有林场自有资金、社会资本和工商资本的参与。云勇林场于2016年启动改革,定位为一类事业单位,实行"三块牌子(云勇林场、广东云勇森林公园、佛山市云勇生态养护中心),一套人马"的运行机制(见专栏3-9)。目前,林场场部旧建筑已经改建、扩建完成,加上周边农村同步建起来的民宿、农家乐等设施,具备了一定的旅游接待能力;森林公园内已建成18个功能区,分布有野生微管植物134科335属520勇种,野生动物47种,其中国家Ⅰ级、Ⅱ级保护动物16种;合理利用林地和森林资源,建成山峰景观、花海景观、水体景观动植物资源景观的旅游景观线路和节点;同时,建成18公里森林步道、8个森林旅游驿站和体验营地。总之,云勇林场已有森林小镇雏形,小镇森林生态辐射"两市四镇"(高明区明城镇、更合镇、杨和镇和江门市鹤山宅梧镇)的居民,2016年全年游客量达8万人次。

专栏3-9

云勇国有林场

云勇林场是佛山市属的唯一国有林场,管辖面积为30117亩,其中省级公益林面积为29167.5亩,占总面积的96.8%,森林覆盖率为95.7%,是佛山市最大、森林生态系统最完整的城市绿肺。

云勇林场始建于1958年，曾入围全国国有林场500强，被评为"百佳单位"。1993年，经广东省林业厅批准建立"广东云勇森林公园（省级）"。2001年，按照国有林场分类经营改革意见将林场定位为"生态公益林场"。2002年，林场开始3万亩公益林改造，促进林场林木多样化。

目前，云勇林场核定人员编制40人，雇员20人（主要为聘请的护林员）。经费由财政拨付，各项基础设施建设列入同级政府预算。

资料来源：实地调查。

泰康山森林公园也是在国有林场的基础上发展起来的。2006年，明城镇引入工商资本，租用本镇石塘村的集体林地，开发旅游业，已经建设成为集"运动养生、旅游度假、商务会议"多功能于一体的森林生态旅游度假园区。该度假区中，森林公园总面积为4275亩，公园森林覆盖率为78%；度假区内山水资源丰富，水面面积1000亩，其中山水长廊素有高明"小漓江"之称；度假区中最具特色的为占地总面积1800平方米的古瑶寨遗址，正在挖掘其独具瑶族特色的旅游文化区块。2016年，森林公园旅游人次20万左右。2017年，园区进行休闲娱乐设施的升级改造，提升民俗和酒店服务业，为申报4A级景区奠定基础。度假园区可以辐射石塘村村民（600人的自然村）。距离园区南边1公里处有占地300亩的恒大地产高端社区，于2017年10月上市。这些条件有利于康泰度森林生态旅游度假园区集聚为明城森林小镇的核心区域。

（二）城市外围森林旅游基地与街区森林人居环境统一规划、建设和管理的森林街办

第二种类型是森林城市发展与森林小镇建设相结合的产物。城市街办建成森林小镇，最困难、最重要的建设任务：一是以市区外围生

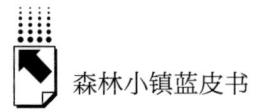

态屏障和水源涵养地带的森林资源修复、保护为核心的生态网络体系建设;二是街区森林人居环境体系建设——包括街道风貌和环境卫生整治、社区公园建设和建筑物立体绿化、景观大道和绿道建设。深圳市盐田区梅沙街道办事处利用自身的区位优势,对域内森林资源保护利用、旅游基地、会议及商贸服务精品板块、森林街区和品质社区等统一规划、建设和管理,建成了广东省首批森林小镇之一(见专栏3-10)。截至2017年9月末,梅沙街办全域18.19平方公里的总面积中,森林用地面积1273.2公顷,其中有林地面积1166.34公顷,森林覆盖率69.98%。街区绿地总面积1351.05公顷,绿地率74.26%,绿化覆盖率68.15%;辖区内有公园16个(包括大梅沙海滨公园和东部华侨城等4个专类公园、东海岸社区公园等11个社区公园和1个自然公园),公园总面积1173.02公顷,其中人均公园绿地面积118.55平方米。街道内有愿望湖、上坪水库和叠翠湖,湿地总面积为76.27公顷。

专栏3-10

梅沙街道经济社会发展历史和现状

梅沙街道地处深圳市区东部,东临大亚湾,西接盐田港,北与龙岗区接壤,南与香港隔海相望,依山傍海,距离市区25公里。街办辖大梅沙、小梅沙、滨海、东海岸4个社区,常住人口约2.2万人,其中户籍人口5190人。

梅沙街道的前身是一个农业生产大队,隶属于当时的沙头角管理区盐田街道办事处。1983年从盐田街道办事处分离出来,成立梅沙街道办事处。1990年更名为深圳市罗湖区梅沙街道办事处,1998年盐田区成立后,隶属于盐田区。近年来,梅沙街道高端产业发展迅猛,万科中心、中兴通讯学院、华大基因等一批具有国际影响力的企业纷纷入驻梅沙,形成了以总部经济、会议经济、高端旅游业、娱乐休闲业、商贸服务业为主体的绿色经济发展模式。2016年，梅沙街办工业总产值达24063万元。

资料来源：根据调查笔记整理。

1. 建设路径：森林生态网络体系与品质社区统一规划、建设和管理

按照广东省绿委办、林业厅组织专家评审通过的《深圳市梅沙街道森林小镇建设规划（2016~2020）》，梅沙街道办事处的森林小镇定位是集资源保育、森林康养、旅游观光、休闲购物、科普教育等多功能于一体的深圳市独具海滨特色的生态旅游型森林小镇，建设布局为"一岸一屏、一带一网、四核多星"的精品板块，即一岸，梅沙街办南部浅海、海岸、沙滩及边坡绿化、美化，打造海岸绿色风景线；一屏，梅沙街办北部森林资源构成的绿色生态屏障，主要进行森林质量的提升，建设梅沙乃至深圳市区的绿色屏障；一带，梅沙街办中部自西向东的森林资源构成的绿色生态服务带；一网，依托梅沙街办现有道路、绿道和森林资源，建设生态绿色廊道网络；四核，指大梅沙公园、小梅沙度假村、小梅沙海洋世界和东部华侨城4个著名旅游景点组成的旅游核心；多星，指梅沙街办街区内的森林公园、湿地公园、专类公园、社区公园等绿色生态节点。

森林生态网络体系建设是梅沙街办森林小镇建设的重点，包含森林生态体系建设、森林人居环境建设、森林生态旅游业建设、森林生态文化建设和森林生态标识系统建设五大体系，其中森林生态体系建设包括林地和森林资源保护、森林质量提升、生态公益林优化、海底森林公园建设、自然保护小区建设和完善；森林人居环境建设包括街道风貌整治、环境卫生整治、社区公园建设、绿道建设、绿色生态水岸建设、立体绿化和景观大道建设；森林生态旅游业建设包括湿地公园、森林健康旅游、村市厨房、自然课堂科普路线、浅海娱乐和购物中心、美食城和空中步道；森林生态文化建设包括

植物名牌、生态标识系统、古树名木保护、森林知识科普和生态文化传播；生态标识系统建设包括识别型标识、导向型标识、解说型标识、管理型标识。

森林生态旅游产业板块和品质社区建设。前者的典型代表如东部华侨城，后者包括梅沙街办所辖4个社区。东部华侨城拥有大量森林资源，是深圳市东北部的生态屏障，是首个被授予的"国家生态旅游示范区"，是一个集休闲度假、观光旅游、户外运动、科普教育、生态探险等主题于一体的大型综合性国家生态旅游示范区，从森林覆盖率、特色产业定位、森林文化内涵、旅游设施和功能、社区特征以及小城建成区规模、人口及景观等方面衡量，东部华侨城单独即可构成一个很有特色的森林小镇（见专栏3-11）。

专栏3-11

东部华侨城

东部华侨城位于梅沙街道北部森林区，森林覆盖率90%，是深圳市北部的生态屏障。东部华侨城是由华侨城集团（中央企业）投资，其子公司东部华侨城有限责任公司建设、经营和管理，2007年建成开业，是首个被授予的"国家生态旅游示范区"。小城占地9.6平方公里，建成区3平方公里左右，建筑容积率0.3%，景区总建筑面积25万多平方米，其中商业运营面积15万平方米。核心区内建成了2个主题公园、茵特拉根小镇等3座旅游小镇和4家度假酒店（3000个床位），另有2座36洞山地球场、大华兴寺和天麓地产项目。小城常住人口3600人，其中华侨城工作人员2600人，其余为当地居民——茶农。2016年接待游客370万人次（平均每天约1万人次）。东部华侨城在为深圳大都市提供生态屏障保护、优化城市结构、疏散过度密集的城市人口和提供安全保障方面，将越来越显示出它的重要价值。

资料来源：实地调查。

梅沙街办的 4 个社区内分布着 11 座社区公园，楼房（房顶、窗台、墙体）立体绿化初见成效。本课题组考察的万科东海岸社区较典型。该社区占地 34.3 万亩，其中建筑面积 27 万亩，容积率为 0.8%。社区内共有 2008 户，其中业主 1880 户，业主入住率 42.6%，其余为游客、投资客租赁。笔者在考察中看到，该社区内绿树成荫，楼房屋顶、窗台绿色植物覆盖，曾在梅沙街办开展的社区"最美阳台"活动中夺魁，社区的垃圾分类、文体文化设施建设、街道日间照料和养老服务等方面也是深圳城市社区的佼佼者，荣获广东省五星级宜居社区。

2. 投资：雄厚的地方财政实力为主要支撑

深圳市盐田区经济发达、财政实力雄厚（见专栏 3-12），只要是合理建设需求，地方财政都"不差钱"。梅沙街道森林小镇建设，除企业投资以外，2015 年财政投入 1032 万元，2016 年投入比 2015 年增加 66.1%，达到 1714 万元。

专栏 3-12

深圳市盐田区经济及森林资源状况

2016 年，盐田区常住人口 22 万人，户籍人口 6.2 万人。当年全区生产总值 537.68 亿元，比上年增加 8.8%，三次产业比重为 0.01：15.25：84.74，人均地区生产总值 24.02 万元，排名深圳市第三，是同期全国人均国内生产总值（5.398 万元）的 4.45 倍。国税地税总收入 83.75 万元，一般公共预算收入 32.4 亿元。居民人均可支配收入 4.9 万元。

盐田区辖区国土面积小，仅有 23.96 平方公里，辖区内森林覆盖率为 65.62%，建成区绿化率为 44.6%，大小公园 63 座，建成率达总长 253 公里，19.5 公里的海岸线被誉为中国八大最美海岸线之一。

资料来源：盐田区委常委雷卫华同志在梅沙森林小镇调研座谈会上的讲话材料。

3. 产业特色：以总部经济、会议经济、高端旅游休闲和商贸服务为主体的绿色镇域经济

梅沙街道经济体量不大，但产业特色鲜明。一是打造出以"碧海—青山—繁花—健康"为主题，融观光、摄影、科普、度假、休闲、健身等元素为一体的特色山海旅游品牌，辖区内集中了深圳市著名的大梅沙海滨公园、小梅沙海洋世界、小梅沙度假村、东部华侨城等众多旅游项目，被誉为"黄金海岸"、"东方夏威夷"，其中"梅沙踏浪"（大、小梅沙）被列入深圳八景，使梅沙成为深圳市乃至广东省独具森林与海滨特色的旅游及休闲胜地，每年接待游客1000万人次以上。二是创新会议、节庆活动的内容，推动旅游业、会议产业和商贸服务业发展。2017年，梅沙街道创立了以"爱珊瑚、爱海洋、爱地球"为主题的国际性大型节庆活动——"梅沙国际珊瑚节"暨梅沙国际潜水论坛。此外，举办了国际文化产业博览交易会、深圳（大梅沙）沙滩音乐节、国际风筝节、深港城市建筑双城双年展、"时尚碳币"活动、环保达人评选等一系列大大小小的会议、节庆活动。这些活动吸引游客光临梅沙，形成良性循环的、可持续的绿色镇域经济发展态势。

（三）森林圩镇、公园、休闲度假区、村庄和田园"五位一体"的森林乡镇

第三种类型是以建制镇（乡）为单元，在镇域绿化、美化等方面下功夫，建成森林圩镇，同时整合域内森林资源，建设森林公园、森林休闲度假区、森林村庄、森林田园，使镇全域的森林覆盖率、圩镇建成区内的绿色覆盖率、休闲游憩绿地建设、水岸林木绿化率、义务植树尽责率等指标，达到广东省森林小镇评价指标，建成"五位一体"的森林乡镇。江门恩平市大田镇属于这一类型。

大田镇是革命老区，森林资源、水资源、地热资源丰富，集镇建设基础较好（见专栏3-13）。2016年，大田镇政府委托广东岭南规

划设计院编制了森林小镇建设规划，启动了森林小镇建设。2017年9月，大田镇被认定为广东省首批森林小镇。

专栏3-13

大田镇经济社会基本情况

  大田镇位于恩平市西部旅游经济走廊的中心地带，锦江河上游，地处原始森林七星坑口与民间传说"脚踏君子山"的君子山下。镇区距市中心12公里，交通便利。镇域总面积374.28平方公里，其中，河排国有林场（隶属江门市林业和园林局）171.92平方公里。2016年末，全镇辖10个村委会、2个居委会，156个自然村，户籍总人口31854人，常住人口25247人，其中非农业人口1936人。全镇耕地面积18464亩，山地面积51万亩（其中河排国有林场25万亩）。2016年，全镇地方一般公共预算收入1556万元。农民人均可支配收入10537元。

  该镇四面环山，山地面积达340平方公里，占镇域总面积的90.84%；林地面积17400公顷，其中生态公益林面积达8376.4公顷，占林地面积的48.14%，全镇森林覆盖率71.63%。镇域水资源富足，有广东十大水库之一的锦江水库（库容量为4.17亿立方米）。大田还是恩平地热国家地质公园*的核心区域之一，地热资源丰富。大田镇小城镇建设基础较好，曾获得"广东省休闲农业与乡村旅游示范镇"、"中国最佳生态休闲旅游名镇"等称号，镇政府驻地大田圩镇有一定规模，镇区面积约2平方公里，聚集人口3500人。

  注：广东恩平地热国家地质公园，是中国第一个以地热为主题命名的地热国家地质公园。2005年8月，国土资源部正式批准授牌。恩平地热国家地质公园位于"中国温泉之乡"——广东省恩平市的西北部，面积约80平方公里，大体分布于那吉镇、大田镇和良西镇。

  资料来源：根据调查笔记整理。

1. 全域绿化、美化，实现森林田园目标

其一，圩镇建成区绿化、美化，建成区绿化覆盖率提升到40%，超过了广东省关于森林小镇"镇区绿化覆盖率达到30%"的规定；同时，投入150万元，对镇域内的两个圩镇街道维修、环境整治和路灯亮化，建设镇级污水处理厂。其二，植树造林，近两年内，镇域内累计植树101.13公顷，占镇域总面积的5.2%，达到了广东省森林小镇评价指标中关于"前两年内新增造林绿化面积占镇域总面积的0.5%以上"的规定。其三，休闲游憩绿地建设，大田镇投入150万元，建成镇区北部（锦江河北岸）250亩面积的湿地公园。此外，还建成茶山坑镇级森林公园，这一指标也超过了广东省的相关规定。其四，乡村绿化，大田镇已经建成中杉、岑那洋、麻行3个村，达到了相关指标要求。其五，镇域内的水岸绿化绿达到100%，超过广东省"水岸绿化率达到80%以上"的规定。其六，义务植树尽责率达到了90%以上，也超出了广东省的相关规定。通过上述工作，形成了大田镇"一河锦江水，两岸森林城"森林田园景观。

2. 河排国有林场改革和森林公园建设

2016年，河排林场启动改革。林场转型后界定为公益二类、正科级事业单位，核定编制55人，现在编41人，聘用人员31人，离退休人员333人（见专栏3-14）。目前，河排林场实行分类经营，担负着生态公益林建设和商品用材林培育的双重任务，全场分成7个工区，分别负责营林生产、林木良种生产、护林防火、国有资产资源管理、森林公园和自然保护区管理等项工作。林场经营总面积26.92万亩，林业用地面积24.68万亩，其中生态公益林面积17.02万亩，占林业用地面积的69%；商品林面积7.66万亩，占林业用地面积的31%；森林蓄积量60.30万立方米，森林覆盖率77.8%。林场场部开设有宾馆服务业，是集生态、环境、旅游、观光、欣赏大自然和休闲、避暑于一体的多功能风景区。

专栏 3-14

河排国有林场发展历程

河排林场（隶属江门市林业和园林局），成立于1955年秋，位于锦江河的上游，是江门地区最大的国有林场、最大的林业基地，内有锦江、凤子山两大水库。1993年，经广东省批准，建立了省级森林公园，森林公园核定总面积5.62万亩（合37.47平方公里）。2006年2月，经江门市人民政府批准，在场内建立面积为11.3万亩（合75.33平方公里）的锦江源市级自然保护区。森林公园和自然保护区有各类植物2000余种，各类动物600余种。为保护水源，自2011年始，大田镇先后投入3035万元，对饮用水源锦江水库第一重山的商品林回收，委托河排林场将2万多亩商品林调整为生态公益林，至2017年全部完成验收。

资料来源：调研座谈会上河排林场提供的书面材料。

3. 森林休闲度假区建设

大田镇地热资源开发利用早，域内锦江温泉度假区于2002年4月28日开始营业。2006年，锦江温泉度假区被评定为国家4A级旅游景区，是江门市新八景之一。森林小镇建设中，锦江温泉成被打造为集住宿、饮食、娱乐、保健、商务、会务、休闲和大型露天温泉于一体的中国温泉文化度假地。此外，大田镇山泉湾温泉城、岑洞峡谷漂流等景点建设，完善了大田镇域整个旅游体系，成为大田森林小镇创建的重要支撑。

4. 森林村落建设

大田镇12个建制村（居）中，已建成3个森林村庄，而朗北村庄的"风水林"有300亩，其中古树名木98棵，以此为基础建成朗

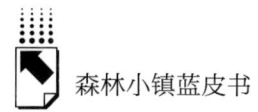

北古树公园。该公园是江门市唯一的古树公园。大田镇域内的古树名木,都建立了档案资料,统一编号,登记造册,挂牌(二维码)保护,实行"属地保护"管理,专人管护,实时监测。

大田镇通过森林、集镇、农业农村和旅游业资源整合,建成了森林公园、森林圩镇、森林村庄、森林休闲度假区和森林田园"五位一体"的森林生态景观、绿色产业结构和可持续发展的镇域特色经济体系,为以建制镇为单元建设森林特色小镇中蹚出了路子。

三 推进森林小镇建设需要讨论的问题和建议

广东省森林小镇建设起步早,建设规划、方案、申报评审程序、评价指标等政策文件准备充分,组织工作严密有序,实施推进效率高、成效明显,开辟了休闲宜居、生态旅游、岭南水乡等不同特色森林小镇的建设路子,尤其是将森林小镇建设纳入森林城市群建设体系,作为森林城市群的延伸和乡村振兴"补短板"的理念、思路及规划框架,以及"以建制镇(乡、街办)为单元,整合域内的森林资源(包含域内国有林场或森林公园等)、水库和湿地资源以及集镇建设和美丽乡村建设的成果,采取林区、集镇和村庄联动的方式,使域内的森林生态指标、特色产业、集镇规模、旅游功能和山区特征等方面的指标,达到森林小镇规定的要求"的全域建设的探索实践,为全国森林小镇建设提供了可资借鉴的做法和经验。

下一步,进一步推进森林小镇建设,需要研究解决一些基本问题。

(一)探寻非建制镇建设森林小镇的路径和方式

以建制镇(乡、街办)为单元申报、评审和批复森林小镇的做法有一定的合理性。面对各地森林小镇建设的丰富实践，还需要积极探寻非建制镇建设森林小镇的路径和方式。广东省走出了乡镇（街办）全域森林产业特色的绿色发展之路，在镇（乡、街办）全域开展森林圩镇、森林公园、森林休闲旅游基地、森林康养度假区、森林村庄和森林田园建设，使全域成为森林小镇。这种做法，使城乡居民在共享新型工业化、城市化、信息化和农业现代化的成果的基础上，再增添森林、田园、绿色、生态、环境建设的成果，对促进城乡居民生态服务的均等化具有重大意义和价值，其经验具有推广价值。

就全国而言，森林小镇建设是在特色小镇兴起之后兴起的。特色小镇建设发轫的云栖小镇，其前身是杭州市政府批复的转塘工业园区，后引入阿里云计算有限公司和云计算产业，再挖掘产业文化和地域文化、拓展旅游功能和社区功能，建成了浙江省首批10个示范特色产业小镇之一。显而易见：特色小镇是块状经济和县域经济基础上的创新经济载体，是独立于建制镇之外的产业、人口集聚新区；建设特色小镇的初衷是做大"小城镇"增量，推动区域经济转型升级和农民市民化，不是将建制镇（乡、街办）整个行政区域贴上"特色小镇"的标签。一些地区（比如广西）也在积极探索非建制镇以外的国有林场场部和工区如何建设成为森林特色小镇。

如果上述不同类型的森林小镇都有存在的必要和发展前景，那么下一步推进森林特色小镇建设，应该继续鼓励以建制镇（乡、街办）全域，通过森林生态网络体系建设和绿色镇域经济发展格局的塑造，建成森林特色乡、森林特色镇、森林特色街办。同时，支持有条件的城乡非建制镇的圩镇、社区、林区等有条件的区域，按照明确的森林产业特色、绿色发展文化内涵、森立旅游休闲度假康养功能和社区特征定位，建设森林特色小镇，以非建制镇为单元申报、评审和认定为森林特色小镇。

（1）应着重将那些有一定规模、森林产业（包括森林旅游、休闲度假、康养、森林产品生产和加工等）特色鲜明的林场场部和工区、现代农业农村产业园区、农村特色旅游基地等，通过拓展文化内涵、完善社区功能，转型升级、申报、评审、认定为森林特色小镇。

（2）深刻认识森林小镇建设在山区农村振兴以及森林资源保护区和水源涵养区等限制发展区域的既保护又有合理利用的双重作用，在上述区域内，通过森林小镇建设中的生态修复、保护与合理利用，发展特色农业、林果业、渔业、旅游业、康养业、文化产业等，以特色产业经济带动人口集聚，建成人与自然和谐共生的森林特色小镇。

（3）鼓励有条件的历史圩镇、人民公社和乡镇政府原驻地、"三集中"及建制村撤并形成的大型社区，通过"森林产业兴村镇"的路子，建设、申报森林特色小镇。

（二）探索多样化的森林小镇评价标准

以建制镇乡（街办）为单元，通过森林生态网络体系建设和绿色镇域经济发展格局的塑造，建成森林特色乡、森林特色镇、森林特色街办，其建设方式、申报、评价和认定，可以借鉴广东的经验，并在此基础上进一步完善。

以非建制镇（乡、街办）申报、评审和核定森林小镇，一是要解决评价指标问题，二是要化解国家支持政策运行过程中的森林小镇建设项目、经费的管理问题。关于非建制镇的森立小镇评价指标，可以按照住房和城乡建设部、国家发展改革委和财政部关于特色小镇的定义，借鉴浙江省关于特色小镇的评价指标，重点考虑：①森林特色产业主体地位或者绿色镇域经济发展格局指标，比如，镇域森林产业产值或者绿色产业产值占镇域地区生产总值的65%以上；②圩镇人口集聚规模，比如，圩镇集聚人口不少于3000人；③圩镇规划建设面积和建成区面积，比如，圩镇规划建设面积3平方公里，建成区面积 1 平方公里;④森林覆盖率、街区绿化率和人均绿地面积;⑤森林旅游设施和接待能力,绿色发展文化;⑥社区组织建设和功能发挥;等等。非建制镇申报森林小镇后的建设项目、资金的使用和管理,可以委托隶属乡镇(街办)代为执行。

(三)解决森林特色小镇的建设用地问题

从森林特色小镇建设情况看,一是要盘活存量建筑和建设用地,如国有林场场部、分场部存量建筑的修复,旧局址、场址的建设用地重新规划、报批和建设旅游设施用房;二是建议相关部委会商、制定农业、林业生产管理用房用地规范以及旅游业和康养业建筑用地规范,制定国务院办公厅关于装配式建筑指导意见[①]用于特色小镇建设的办法和规范;三是增设特色小镇建设用地专门指标,扶持其发展;四是推动以土地产权为核心农村产权制度改革,为森林特色小镇建设提供基本制度支撑。

---

① 参见国务院办公厅《关于大力发展装配式建筑的指导意见》(国办发〔2016〕71号)。

B.4
村域"森林小镇"建设实践*
——浙江省义乌市何斯路村的调查

摘　要： 森林小镇建设以森林资源与森林特色为重点，其建设范围可以下沉到最小的区域单元"村域"。课题组通过对浙江省义乌市城西街道何斯路村的实地调研发现：在全国如火如荼开展特色小镇建设的背景下，何斯路村清晰找准自身定位，及时进行产业结构升级，发展符合村庄特色的项目，不仅带动了当地经济的发展，也提高了居民的收入，探索出一条村域发展"森林小镇"的实践之路，获得了"中国乡村旅游模范村""国家级生态文化村""中国美丽田园""浙江省休闲农业与乡村旅游示范点""浙江最美乡村""浙江省美丽宜居示范村""浙江省特色旅游示范村"等荣誉称号，其实践经验具有参考价值。下一步，何斯路村应在充分利用林区自然森林景观、生态环境，引入森林旅游、康养、科普、休闲、养生等产业的基础上，更加注重对村域森林小镇建设生物多样性等生命维度的建设力度。

关键词： 村域　森林小镇　特色产业　义乌

---

* 联合调研组：倪建伟，调研组组长、发展中国论坛学术委员会委员，浙江财经大学教授、博士；冯梦霞，浙江财经大学研究助理；叶萌萌，浙江财经大学研究助理；杜逸文，浙江财经大学研究助理；惠振超，浙江财经大学研究助理。本报告执笔：倪建伟、叶萌萌、杜逸文、惠振超、冯梦霞。
感谢何斯路村村委会对"全国'森林小镇'评价体系与发展指数研究"调研组的大力支持！

《习近平总书记系列重要讲话读本》"十三、绿水青山就是金山银山——关于大力推进生态文明建设"强调,"我们既要绿水青山,也要金山银山。宁要绿水青山,不要金山银山,而且绿水青山就是金山银山",这种"两山精神"在实践中不断深化,并且越来越受到高层重视。青山在很大程度上就是"绿树"、就是"森林"。在此背景下,以挖掘森林资源为特色的小镇建设受到越来越多的关注。森林小镇是特色小镇的一种特殊形式,它兼具文化、旅游、社区功能的发展平台,以林业产业为特色,在建设中应立足地方实际、把握时代精神,把森林小镇建设成为依托森林资源、生态优势的宜居、宜游、宜养的集中居住区域。

从现实情况看,已有部分地区启动森林小镇建设并取得一定的成效,但同时也存在很多问题:森林小镇的评价标准该如何界定,森林资源与城镇能否融合发展等,都亟须解决。

由发展中国论坛和国家行政学院新型城镇化研究中心联合组建的调研组,于2016年12月22日至24日,对浙江省义乌市何斯路村进行实地调研,旨在探索村域建设"森林小镇"的做法、路径与启示,为进一步深化和践行"绿水青山就是金山银山"提供实践素材。

一 何斯路村经济社会发展总体状况

何斯路村位于义乌市城西街道的西北部,全村总面积3.7平方公里,耕地面积370余亩。现全村共有442户,常住人口1003人,党支部共有党员51人,两委班子成员5人,设10个村民小组,村民代表33人。通过近几年努力,何斯路村先后获得"全国妇联基层组织建设示范村""中国乡村旅游模范村""国家级生态文化村""中国美丽田园""浙江省休闲农业与乡村旅游示范点""浙江最美乡村""浙江省美丽宜居示范村""浙江省特色旅游示范村"等荣誉称号,并于 2015 年通过考核正式成为"国家 AAA 级旅游景区"。

何斯路村坚持以生态经济为重要抓手,积极拓宽农村发展空间和经营领域,着力解决村级集体经济发展问题,较好地实现了农业增长、农民增收和村级集体经济发展的目标,人均收入已经从 2008 年的 4587 元增长为 2015 年的 32800 元。近几年来,在市委市政府和城西街道党工委办事处的大力支持下,按照党中央提出的"生产发展、生活宽裕、乡风文明、村容整洁、管理民主"二十字方针,紧紧围绕把何斯路村打造成为生态观光游品牌这一目标,主要有以下做法。

(一)积极打造特色旅游观光产业,自主研发精深加工衍生产品

2009 年,何斯路村与浙江大学、台湾精致农业协会等单位合作共建新型农业科技产业基地。从欧洲、我国新疆等地引进薰衣草,并在此基础上自主探索薰衣草的本地化的种植方式,打造属于义乌的"普罗旺斯"。现在的薰衣草观光旅游成为何斯路乡村旅游的主打品牌,每年来何斯路景区游玩的人数达 20 余万,每年增加村集体收入 470 余万元。除此之外,这也部分解决了村内农民就业问题,也吸引了很多大学生回村创业,为村民带来工资性收入 500 余万元。

在薰衣草观光产业已经发展到一定程度时,何斯路村又适时提出了延伸薰衣草产品生产链条,发展产品经济。薰衣草作为一种兼具观赏价值和药用价值的花卉,其下游产品的受众广泛且附加值较高。何斯路在衍生产品研发上做足了功夫,现在已经能生产包括精油、护肤产品等在内的 70 余种,销往全国各地,并且正在进行第三代产品的研发。可以预见,在未来一段时间,薰衣草产品产业链条的形成必将成为何斯路村新的经济增长点。

（二）改革农村股份合作机制，创新合作经济分配模式

何斯路村坚持把农民增收作为新农村建设的重要支撑点，因地制宜抓好产业发展。建立义乌市草根休闲农业合作社，创新农村专业合作经济组织模式。义乌市草根休闲农业合作社是义乌社会主义新农村建设进程中的新探索，开创了义乌市生态资源资本化的新农村建设的先河。合作社经营项目包括斯路何庄、山地自行车赛道、薰衣草主题观光园等。项目总投资9000余万元，首期投资3700余万元，全村村民按现有的基础资源投入合作社里面，实现了全民入股，全体村民不花一分钱即拥有合作社25%的股权。2013年开始实行十配三的股权配给制度。同时，全村的大额医疗和养老保险均由村集体统一支付，让每一个何斯路村的村民都能享受到村庄发展的红利，真正达到农民创富增收的目的。这样的合作机制，将村集体、村庄、村民的利益紧密地结合起来，三方共同受益，互相支撑。

（三）大力挖掘古村落文化价值，打造文化观光旅游品牌

何斯路村历史悠久，村庄内的燕子坳古建筑基本保存完好。基于村庄的实际情况，村两委适时提出了古村落修缮计划，聘请美国知名景观设计公司对古建筑群进行合理规划、保护和开发，突出历史名人故居景观、燕子坳山水田园景观资源和生态人居环境，使古建筑风格上保持历史旧貌，形成既有古韵又能满足现代人居住的生活环境。现在何斯路村已经同十几位国家级非物质文化遗产传承人达成默契，将在新修缮的古民居中开辟若干个展厅，供这些非物质文化遗产传承人在此进行文化传播、传承活动。除了打造燕子坳的古村落文化产业，在现有民居的基础上，在志成湖沿岸还建设了文化产业一条街，邀请各类文化创意创业者来此进行文化创意活动，形成具有浓厚文化氛围的何斯路乡村旅游，并将文化作为何斯路旅游的核心竞争力。

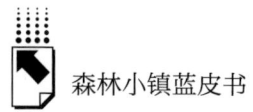

（四）重视村民道德教化，建立村民信用体系

现代经济发展离不开信用体系的建立，而信用体系的建立又需要以具有极高的道德水准的人群为基础。何斯路村为了提升村民的道德水平，从2008年起开始实行功德银行制度。所谓功德银行，就是为村里每户人家都开设一个账号，将每个人所做的好事都记录在册，大到参军卫国，小到拾捡垃圾，均由专人记录。每件事情都会被赋予一定的分值，每个季度公布一次每户的得分，得分较高者可获得相应的奖励。功德银行制度自从实施以来，已经记录了9000多件好人好事，极大地提高了村民的思想道德素质。近几年来何斯路村无一人上访，也无刑事案件发生。正是如此良好的道德表现，让若干家银行对何斯路村的信用体系表示满意，并与村里建立合作关系，何斯路村村民凭借其何斯路户口，经由村两委同意，可获得银行无抵押贷款30万元，这就成功地将信用转化为资本，帮助村民更好地从事经济发展。

二 生态维度下的何斯路村森林小镇建设

何斯路村位于义乌市城西，距离市区20公里，背靠郁郁葱葱的陈望道森林公园，沿途有波光粼粼的长堰湖和碧波荡漾的长圳水库，依着风景秀丽的卧牛岗，环抱宁静淡雅的龙溪香谷薰衣草花园，植被以常绿阔叶林为主，规划区内还有水杉、马尾松、竹等植被分布。且依山而建，有山地气候特征：四季之中，春秋短而冬夏长，年平均气温17.1℃。

（一）何斯路村森林资源概况

何斯路村森林资源丰富，森林覆盖率在70%以上，林木覆盖率

村域"森林小镇"建设实践

图4-1 何斯路村绿地景观分析

为80%，绿化面积达3万余平方米，2015年规划公共绿地0.66公顷，人均公共绿地面积6.4平方米。截至目前，森林和绿地皆保护完好，已无新造林计划与必要。其主要休憩区常年空气负离子含量远远大于1000个/立方厘米，不失为一个天然氧吧。由于水源地森林植被保护地较好，功能完善，水质净化和水源涵养作用也得到了有效的发挥。

（二）何斯路村的生态绿化

何斯路村路旁、水旁、宅旁的基本绿化，按照"庭院—道路—绿地"实施"点、线、面"相结合的绿化体系。要求居民庭院、集体庭院栽树种花，形成"乔、灌、花"相搭配。根据"四清、四无"的原则，治理村容村貌，彻底改变"脏、乱、差"的局面，达到"村容整洁"。以原有村口卧牛塘为基础，整理场地，梳理水系，增加绿化及休憩设施。尤其是将东侧较高的水塘通过跌水与卧牛塘相联系，形成完整的乡村绿地公园。志成湖、长圳水库等水体沿岸注重自然生态保护。在不影响行洪安全的前提下，采用近自然的水岸绿化模式，形成小镇特有的水源保护林和风景带。同时，公路等道路绿化注重与周边自然景观、人文景观的结合与协调，因地制宜开展乔木、灌木、花草等多种形式的绿化，形成绿色景观通道。

（三）何斯路村的森林保护

何斯路村的森林也多为原始面貌，以乡土树种为主，不从山上移植古树、大树，以苗圃培育的苗木为主，因地制宜地使用大、中、小苗。何斯路村采取近自然的抚育管理方式，不搞过度的整齐划一和对植物进行过度修剪，通过林水相依、林山相依、林城相依、林路相依、林村相依、林居相依等模式，建立小镇森林网络空间格局，森林保护工作做得很到位，因此近年来并未发生严重非法侵占林地、湿地，破坏森林资源，滥捕乱猎野生动物等重大案件。村中时常看到森林消防车辆进出，森林保护工作到位。何斯路村空气优良，空气质量达到GB3095的一级标准。村全年15°C至25°C气温天数超过180天，全年灾害性气候天数不超过36天。

（四）何斯路村生态保护与发展的主要措施

1. 森林防火通道与山地自行车赛道合二为一

何斯路村在森林中修了一条长达10公里的森林防火通道，从而对当地的森林资源进行保护，防患于未然。同时也把这条通道打造为一条山地自行车赛道。除了每年承办各种大型山地自行车赛事，这条赛道也为外地游客提供山地自行车体验。何斯路村通过将森林防火通道与山地自行车赛道合二为一，不仅对当地森林生态提供了有效保障，也打响了当地山地自行车体验的特色品牌。

每年凭借该品牌为当地带来了大量游客，促进了何斯路村旅游经济的发展。

2.搬离污染企业，保护饮用水源

长堰水库位于义乌市城西街道溪干村北面，始建于1957年10月，如今是城西街道的主要饮用水源。曾经在何斯路村与黄山坞口村之间有一个浙江省最大的养猪场。猪场有一个巨大的沼气池，废水通过简单处理排往小溪，流入长堰水库。库区猪场排污直接影响了长堰水库水质，严重地破坏了何斯路村的生态环境。虽然义乌从东阳买水成为全国水权交易第一县，但饮用水依旧紧张，故很早就有人建议把灌溉用的长堰水库建成饮用水源。当地成功关停这座拥有1.2万头存栏猪的猪场后，城西街道一万多人的饮水得到保障，何斯路村的生态环境得到恢复与发展。不仅如此，何斯路村村内没有一家工业生产企业，这在很大程度上保护了何斯路村的生态环境。

3.成立薰衣草主题公园

香珣薰衣草主题公园位于义乌市与浦江县交界处，义乌市城西街道西北部山区，何斯路村村域范围内。基地面积约89亩，紧邻东黄线，距离义乌市中心区约18公里，距离浦江约25公里。在村庄规划上，何斯路村另辟蹊径，自主探索薰衣草种植方式，成立了香珣薰衣草主题公园，公园位于山谷平地，两侧为植被良好的山脉。内部以耕地为主，溪流经东侧贯穿整个基地，内部亦有引水渠。绿化主要以薰衣草为主，在原有荒弃田间内部种植已引种驯化的多种品种薰衣草，形成规模种植。在各景点边界适当种植各种乔木，品种选择当地树种，以香樟和枫香作为基调树种，在公园东侧边界，承接东黄线原有行道树种植特色，以杉树为基调树种，通过综合植物配置，总体要达到"主题分明，个性突出"的特征。

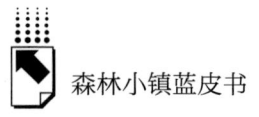

三 生产维度下的何斯路村森林小镇建设

何斯路村以生态旅游业为主，采用股份合作制（见专栏 4-1）的方式，整合分散在村民手中零散的资源。2008 年以来，何斯路村运用整合的资源先后建设了包括斯路何庄、薰衣草主题观光公园在内的总投资 9000 余万元的一系列项目。全村人均可支配收入从 2008 年的 4587 元增长到 2015 年的 32800 元，年均增长率超过 30%，远高于同时期的全国平均水平。从收入结构看，从 2008 年以农业收入为主转变为 2015 年以第三产业为主。

专栏 4-1

资金来源、股份分配方式

（一）股份分配方式

1. 以注册资本 500 万元为企业发展原始股金，分配为 5000000 股。1000 股起申购。

2. 1250000 股（占企业总股份 25%）为何斯路村全体村民所有（其中村集体自留 5%，按附注分配 20%），3750000 股（75% 股份）按股份认购顺序自主认购。

3. 股份认购主体第 1 款、第 2 款规定主体，按 1.25 元/股，在 1000~1000000 股范围内自主认购。

4. 股份认购主体第 3 款规定主体，按 1.50 元/股，在 1000~1000000 股范围内自主认购。

（二）股份认购原则

以优先何斯路村村民自主认购为前提，不足部分引进外来投资者为辅。村民股份一般情况下控制总量 2250000 股，外来投资者 1500000 股。

（三）股份认购方式

1. 有认购意愿的投资主体于股份认购通知公示之日起 10 日内提出书面申请。

2. 股份认购主体第 1 款、第 2 款规定主体申请认购的，于 2011 年 4 月 15 日前预交每股 1.25 元的股金，再由村统一时间到工商部门进行注册登记。（如未在公示通知缴款时间内缴纳，或中途改变的，预交股金不予退还，取消其认购资格。）

3. 股份认购主体第 3 款规定主体申请认购的，于提交认购申请时一次性缴纳认购的股金。

资料来源：调研组实地调研。

（一）村民人均可支配收入快速增长

2008 年，全国农村居民可支配收入为 4760.6 元，义乌市农村居民可支配收入为 6900 元，何斯路村人均可支配收入仅为 4587 元。不仅低于全国同期水平，更是远低于义乌市同期水平。随着村域整体经济社会发展，2015 年何斯路村农民人均可支配收入达到了 32800 元，不仅超过了同期全国平均水平 10772 元，也超过了义乌市平均水平 21120 元，实现了"质"的飞跃。

（二）把生态旅游打造为支柱产业

生态旅游作为何斯路村的主要产业，对于何斯路村的发展具有极其重大的意义。自 2008 年以来，何斯路村股份合作社所投入的 9000 余万元都是围绕生态旅游所展开的。首期投入 3500 万元建设薰衣草主题公园，喊出"建设义乌普罗旺斯"的口号，并且成功利用薰衣草这一极具观赏性的花卉吸引了大批的游客，由此打响了何斯路村生态旅游项目的第一炮。从 2010 年开始，何斯路村开始挖掘薰衣草所具有的更深层次的价值，建设了何斯路村薰衣草种植基地。第一，基地运转的维持很好地解决了村子内部分劳动力闲置的问题。薰衣草基地现有长期工作人员13名，均为本村村民。第二，薰衣草花期时可以为村子带来数量庞大的旅客，增加村子的旅游收入和知名度；在旅游旺期，村庄日均接待游客可达五六百人。第三，薰衣草花期即将结束时可以对其进行深加工，包括精油与其他副产品的开发。目前，何斯路村的薰衣草盛产期所产的精油可达到每亩10~13升，亩收入均达一万余元。在发展薰衣草产业的同时，何斯路村也在积极发展其他相关生态旅游产业，如燕子坞古村落、斯路何庄等。

（三）生产维度存在的问题及建议

调研发现，何斯路村还存在一些需要破解的问题，如观光产业短期效应明显、薰衣草产业长远发展存在困难、村民分红问题等。为此调研组提出以下建议。

1. 完善薰衣草产品生产环节的监督体制

何斯路村以薰衣草为主题设计一系列相关品牌，由于何斯路村主打生态旅游建设，薰衣草相关产品的生产都外包给其他公司，在薰衣草衍生产品生产、定价和销售等过程中没有合格的标准，因此监督部门需要对这一系列环节进行监督。在生产过程中，为防止假冒伪劣产品流入市场，需要质检部门定期抽检，产品定价需要物价部门的监管，产品流通销售过程中需要工商管理部门的管理。

2. 延伸产业链，拓展观光产业的长期效应

何斯路村依靠薰衣草产业带动了村庄住宿、饮食、土特产销售等一系列产业的发展，但是只有在薰衣草开花的特定季节会有较高的业绩。因此要长时间维持何斯路村观光旅游的热度，必须发展其他副业。游客可以参观薰衣草培植基地、参与种植薰衣草，建设薰衣草主题公园，开展冬季亲子游。种植其他常青的植物花卉，完善登山道路的修

建并宣传何斯路村的森林氧吧,保证一年四季都可以吸引游客的眼球。

3. 进一步完善股份合作制

对于调查中了解到的何斯路的股权合作制,何斯路村的村民已经不从事粮食作物的农业生产,全村发展以薰衣草产业为主的旅游业,所有的村民都可拥有村庄产业的股份,但对于大多数村民而言,对于股份的分红以及参与的方式都是不了解的,何斯路村的股份分红和盈利要公示,由于不同村民在村庄中所从事的分工不同,需要出示一份明细表,对所有从事村庄旅游业的村民在年末薪资发放和分红方面给予明确的解释。

四 生活维度下何斯路村森林小镇建设

何斯路村按照"建一批、修一批、拆一批"的思路,完成村居整治和基础设施建设,村口主题广场、村民公园、志成湖、村庄道路改造、古民居修缮、观景台阶、志成亭、墙绘文化提升等工作。生活维度主要以何斯路村的环境状况以及基础设施建设为调查点,将与村民生活息息相关的污水处理、道路建设、垃圾分类作为主要研究对象,以使村民的生活条件得到改善。

(一)何斯路村环境情况

何斯路村建有农村生活污水出水水质提升工程(新型组合式复合生活滤池)。何斯路村生态污水处理设施,终端采用"新型组合式复合生物滤池"工艺,通过生活污水、化粪池、管网收集、复合生物滤池、人工湿地、出水达标排放的技术路线,日处理规模为120t,整个工艺面积600平方米,执行《城镇污水厂污染物排放标准》(GB18918-2002)中的一级B标准,结合本村实际,确定了本村给排水计划(见专栏4-2)。

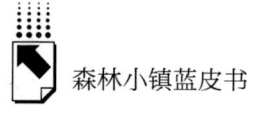

专栏 4-2

何斯路村给排水规划

根据规范规定,结合本规划区的实际情况,确定本次规划的村民人均生活用水标准为 250 升/人·天,公建按 5 升/平方米,未预见用水量取总用水量的 10%,消防用水 70L/s,则本规划区的最高日用水量为 297 立方米。水源取自长堰水库,远期改造现状管网时将给水管径加大至规划管径且随同道路敷设。规划区内的给水干管结合规划道路和建筑组合形式布置 DN150 - DN200 给水管。给水管与建筑及其他管线的水平距离按《城市管线综合要求》实施。

根据本规划区的竖向规划,确定各排水区域,规划区雨水量计算采用湖州的暴雨强度公式:$q = 4216.52 \times (1 + 0.738 \lg P) / (t + 16.38)^{0.834}$,其中设计重现期 P 取 1 年,地面集水时间按 60 分钟计。村内的雨水按照就近排放的原则,经各级雨水管道收集后,分片排入村南部河道。生活污水量取生活给水量的 80%,则本规划区的平均日污水量 238 立方米。结合生产污水排放处理,在村南部集中建设本地生态污水处理池,粪便污水经专管收集后汇至主干道上的污水干管,最后送至本地生态污水处理池处理。污水干管宜靠近主要排水建筑物,并布置在连接支管较多的一侧。住宅庭院的污水支管应尽量布置在草地下面,其起端埋深宜控制在 1.2 米左右,以方便住宅污水管的接入。污水管道穿越河流时,应设计成倒虹管。为防止排水管道的堵塞,每隔一定距离设置一个污水井和雨水井。

资料来源:调研组实地调研。

(二)何斯路村设施建设状况

何斯路村道路网密度适宜,且主次干路间距合理。非机动车出行安全便利,道路设施完善,路面及照明设施完好。老村道路拓宽后,各条道路都能满足消防要求。村庄具有良好的排水冲沟，能够满足排洪需求。需要对局部建筑背侧进行边坡处理，防止自然塌方。村饮用水水源水质达标，居民供水和公共设施供水有保证，有备用水源。何斯路村实施雨污分流。雨水收集排放系统有效运行，防洪功能完善。何斯路村公共厕所设置合理，用于旅游接待厕所的设施设备达到度假别墅水平，卫生状况良好。村内有与其规模相匹配的垃圾污物清扫服务与处理系统。垃圾箱具有主要三种分类功能，且能满足需要，分布合理，具有特色。规划设置垃圾箱和新建公厕，垃圾箱按半径80米设一处。在村内建水冲公厕2处。建立卫生责任区，把讲究卫生的制度落实到每个家庭。

何斯路村建有游客服务中心，有为特定人群（老年人、儿童、残疾人等）提供的咨询服务，配备旅游工具、食品，提供其他相关特殊服务。村内有两辆游客观光车。村里未建成覆盖小镇的公共WiFi，但用于接待的酒店内具有较好的WiFi覆盖。

（三）生活维度存在的问题及建议

客观来看，何斯路村在生活维度仍存在一些问题，如污水处理管道不够完善、垃圾处理中心地理位置考虑不周、村内消防配置不足。

为此调查组提出建议，首先是加大地下排水管道设施建设，对下水沟进行改造，将下水管道的路线重新规划，杜绝污水在流动时期对土壤造成污染。其次是转移何斯路村垃圾处理中心，将垃圾处理中心安置于远离水源地与居民地的盛行风的下风向位置，借鉴其他地方的垃圾分类方法，实施严格意义上的垃圾分类，做到垃圾分类储存、分类投放和分类搬运。最后是对靠近燕子坞的仍有居民的危房、老房中的居民进行转移，对于不愿意转移的居民进行房屋加固；增加消防预警员与消防车的数量，加强消防预警员的专业素养，增购专业消防设备。

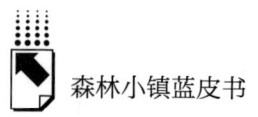

五 文化维度下何斯路村森林小镇

森林小镇评价标准中的文化维度，代表森林小镇必须具有深厚的生态文化积淀，重视生态文化遗产的保护，具有良好的道德风尚。在文化建设中，何斯路村十分注重文化遗产的保护；在文化教育中，何斯路村结合信息网络打造现代化的文化教育产业；在村庄治理中，何斯路村以"功德银行"为样本提倡以"德"治村。

（一）何斯路村的文化遗产保护

1. 燕子坞古村落的保护

何斯路村的燕子坞古村落，具有近百年的历史，其中木结构三层古楼建造于1932年，由当时颇有名气的木匠师傅建造，算得上义乌市乃至金华地区一流的三层古屋。但是木质结构的建筑物年久失修，许多木柱和横梁快要倒塌。为了加大对燕子坞古村落的保护，何斯路村聘请了国外团队规划设计，对古村落进行全面修葺。何家大院作为中国汽车制造第一人何乃民故居，是重点保护对象。因此，村庄在发展过程中，力求古建筑在风格上保持历史旧貌，形成既有古韵又能满足现代人居住的生活环境。

2. 文化礼堂的改建

2013年，为了配合省里要求建设文化礼堂的工作要求，在与族内相关人等协商之后，将何氏宗祠改建为文化礼堂，成为村内共享的公共空间。文化礼堂保留了之前关于宗族文化传承的相关内容，又增加了村史村情、农耕文化的相关内容。宗族文化包括宗族历史名人、历代长寿老人、历年成就；村史村情中结合了一些神话元素讲述何斯路村的由来；文化礼堂中划分了展览区域展示水车、石磙等农活器具。

3. 修建酒文化陈列馆

何斯路村每户人家都会酿酒。自明代伊始，何氏先祖就以特制红曲配上村内山泉酿造出何氏家酿红曲酒，六百余年来世代传承。因其深远的历史，何斯路村建造了独具特色的酒文化陈列馆，陈列馆通过展示何氏家酿曲酒的选料、制曲、蒸饭、摊晾糖化、发酵、酿酒、过滤、储存等工艺流程的模型，使参观者了解何氏家酿红曲酒秘制的过程。在此基础上，何斯路村定期举办大规模的黄酒节，在宣传黄酒的同时举行戏剧演出，吸引各地的村民以及远方而来的游客参与。

（二）何斯路村的现代化教育

1. 以文化长廊发挥其潜移默化的教育作用

充分发挥离退休教师等村落文化人的作用，将党的方针政策、村落规章制度与历史文化用墙体书画的方式展现出来，形成了何斯路村别具一格的"文化长廊"，这不仅极大地改善了人居环境，提升了村落文化层次，更是在游憩休闲中实现了村民与游客受教育的目标。

2. 将木质鼓楼作为未成年人文化教育基地

聘请村老年大学校长何樟根老师作为教育基地的顾问，从何氏先祖古朴、勤俭持家的相应事迹入手，采用图文解说和实物展示相结合的表现形式，指导帮助村里未成年人开展思想道德教育。

3. 以远程教育网络为主要载体开展教育培训活动

首先是发挥党员干部现代远程教育平台来提高党员干部的文化知识和自身素质；其次是利用远程教育网络，结合开展农村劳动力转移培训工程，建立起农民创业致富长效培训机制；最后通过组织收看播放环境卫生、健康常识、传染病防治等方面的内容，不断增强群众的卫生医疗常识，改善农村居住环境。

(三)何斯路村以"德"治村

为了加强村庄的治理,何斯路村设立了功德银行。功德银行作为道德信用体系的载体,实行累计积分制,爱护环境、照顾老人、帮助邻里等一系列成为考核标准(见表4-1)。功德银行的册子上用工整的楷体字记载着村里161名户主的姓名,每个名字对应一个账号。后面每页的页眉上记录着户主的姓名、职业、出生年月、家庭账号和联系电话,页面上则罗列着每个家庭成员做过的好事:帮助困难户、为盲人引路、义务清扫垃圾、义务服务村集体活动等,不拘大小,一一在册。功德银行整体提高了村民的素质修养,不仅如此,它的信用体系的建立为村民贷款提供了便利,义乌农商银行与何斯路村建立了合作,村民每人每年都有较高的信用贷款额度。

表4-1 何斯路村功德银行积分标准

分数	指标	举例
1分	能够做好自身事情,管好自己	捡拾垃圾、维护房前屋后卫生等
2分	能够推及家人,能够维护公共场所环境	孝顺长辈、维护公共区域花草等
3分	能够关心他人,促进村庄事业发展	照顾生活上有困难的村民、积极协助村两委工作
4分	积极落实国家政策,品德表现突出	获得市级以上荣誉的、见义勇为、见义智为的、参军等
5分	能够为村庄发展做出卓越贡献	对村庄的产业发展提出建设性意见等

(四)文化维度存在的问题及建议

何斯路村的文化维度建设丰富多彩,但是调查当中仍存在问题,如文化人才队伍缺乏、基础教育不足、文化活动中青年人参与不足。

为此,调查组建议,首先是发掘农村"文化能人",发挥他们的带动作用。在当前农村文化建设中，一方面是人才匮乏，一方面是很多掌握一技之长的农村文化能人的作用没有充分发挥出来，如发掘退休的文艺工作者，他们热爱文化并且有能力将民间艺术传承下去。其次是增加儿童教育的投入，通过外地的投资，何斯路村引进了私塾教育，但这只能解决部分孩子的上学问题，公共教育资源依然缺乏，因此可以联合附近的村庄建设民办小学。最后是加大创新力度，农村文化创新是促进其发展的重要措施，应当在组织农村文化活动时，重视对于各类活动从创作到组织到演出的创新，这样可以吸引到不同年龄段群体的参与。

结　语

森林小镇建设要充分利用林区的自然森林景观、生态环境，引入森林旅游、康养、科普、休闲、养生等产业，培育林业新产业、打造林业新特色。在全国如火如荼开展特色小镇建设的背景下，何斯路村能够清晰地找准自身的定位，及时进行产业结构升级，发展符合村庄特色的项目，不仅带动了当地经济的发展，也提高了居民的收入，探索出一条村域发展"森林小镇"的实践之路，具有参考价值。在村域"森林小镇"的初步探索阶段，何斯路村在生态维度、生产维度、生活维度、文化维度四个维度的建设已经较为完整，但是调查发现，生命维度中（如物种多样性）的指标并没有完全体现，这是今后森林小镇建设中需要完善的地方。

B.5
国有林场改革先行区的森林小镇建设*

——江西省的调查

摘　要： 江西既是我国森林资源丰富的林业大省，也是林场改革的先行者，其天然的森林资源优势与先行表现的改革探索为森林小镇建设提供了重要基础。调研组通过对宜春市铜鼓县茶山林场、明月山管委会洪江镇，吉安市安福县明月山林场，贵溪市双圳林场4个"森林小镇"的实地考察，认为森林小镇建设应以"四生一化"协同发展为核心，注重小镇生态、生活、生产、生命和文化的"森林特质"凝练与发挥。江西省森林小镇建设已对此进行了有益的尝试，通过深入挖掘自然资源、整体内化生态文明，实施多种经营、促进林业提质增效，依托国有林场改革成果、稳步提高生活质量，多指标共同拓宽生命维度，整合资源打造"独一无二"的文化。客观来看，面对经济社会发展的新环境、新要求，江西森林小镇建设也面临着亟待解决

---

* 联合调研组：倪建伟，调研组组长、发展中国论坛学术委员会委员，浙江财经大学教授、博士；陈根平，江西省林木种苗和林场管理局调研员；刘鹏，国家林业局场圃总站国有林场发展处干部；耿文佳，浙江财经大学研究助理；冯梦霞，浙江财经大学研究助理；刘聪聪，浙江财经大学研究助理；袁乐乐，浙江财经大学研究助理；惠振超，浙江财经大学研究助理。本报告执笔：倪建伟、冯梦霞、袁乐乐、刘聪聪、惠振超、耿文佳。
感谢国家林业局杨圃总站、江西省林业厅及茶山林场、明月山林场、武功山林场、双圳林场对"全国'森林小镇'评价体系与发展指数研究"调研组的大力支持！

的问题。江西森林小镇建设将依托国有林场转型，整合现有资源进行森林小镇建设；整体定位，分区规划，加强人才培训；深入挖掘其特色产业，把资源优势转化为经营优势；创新联合模式，拓宽投融资渠道；开展"互联网+"行动，大力推进智慧林业建设。

关键词： 国有林场　森林小镇　森林特质　江西省

2016年7月，住房和城乡建设部、国家发展改革委、财政部联合发布《关于开展特色小镇培育工作的通知》，强调通过培育特色鲜明、产业发展、绿色生态、美丽宜居的特色小镇，探索小镇健康发展之路，促进经济转型升级，推动新型城镇化和新农村建设。以创建"宜居·宜养·宜游"为目标的"森林小镇"，是特色小镇的重要组成部分，但又区别于农业小镇、科技小镇、互联网小镇、创新小镇，是一个更加富有亲和力和想象力的地方，是一个让人类更加向往和追求地方，更具有包容性，更能够体现人与自然的和谐发展。

在此背景下，以挖掘森林资源为特色的小镇建设受到越来越多的关注和重视。目前，我国已有部分地区正式启动"森林小镇"建设，并取得了一定的成效。江西作为我国森林资源丰富、林场改革走在前列的森林大省，具有重要的代表性和典型性。为此，2017年4月12~16日，由发展中国论坛、国家行政学院新型城镇化研究中心联合组建的"全国'森林小镇'评价体系与发展指数研究"调研组，重点对宜春市铜鼓县茶山林场、明月山管委会洪江镇，吉安市安福县明月山林场，贵溪市双圳林场等4个"森林小镇"进行实地调研，主持召开座谈会4次，市县13个主管部门的负责同志、19个林场（乡镇）的负责同志参加了调研和座谈。

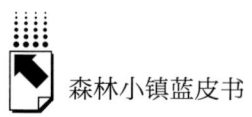

表5-1 江西省"森林小镇"调研样本

时间	调研区域	实地调研林场或乡镇	参与座谈林场或乡镇
2017年4月12日	宜春市	茶山林场	茶山林场、大沩林场、花山林场、龙门林场
2017年4月13日	吉安市	洪江镇	明月山林场、采玉林场、温汤林场、洪江镇
2017年4月14日	吉安市	明月山林场	武功山林场、陈山林场、北华山林场、坳上林场、谷源山林场、章庄乡
2017年4月15日	贵溪市	双圳林场	双圳林场、西窖林场、冷水林场、三县岭林场、耳口林场

一 江西省森林发展与国有林场改革基本情况

江西既是我国森林资源丰富的林业大省，也是林场改革的先行者，其天然的森林资源优势与先行表现的改革探索为森林小镇建设提供了重要基础。

（一）森林资源和林业资源丰富

2016年，江西森林覆盖率达63.1%，活立木蓄积量4.45亿立方米，活立竹总株数19亿根，均位居全国前列。全省森林多属天然次生林，针叶林面积比重大，杉木、马尾松、樟树为江西省主要乡土树种；油茶、板栗、柑橘为主要经济林树种。截至2016年9月，江西有林业自然保护区186个（国家级15个、省级31个），森林公园180个（国家级46个、省级121个），湿地公园84处（国家级28处、省级56处），44处湿地被列入江西省重要湿地名录，森林资源丰富，地区特色鲜明。

（二）林业发展态势向好

2016年，江西全省林业总产值突破3500亿元，位居全国第八。第九次全国森林资源连续清查显示，"十二五"期间，江西省森林资源实现"三增长"：森林覆盖率61.16%，比上期增长1.15个百分点；活立木总蓄积量5.76亿立方米，比上期增长1.06亿立方米；乔木林每公顷蓄积量62.67立方米，比上期增长10.97立方米。《江西省林业发展"十三五"规划》明确了"十三五"期间林业发展目标，强调到2020年，森林覆盖率稳定在63.1%，活立木蓄积量达到5.5亿立方米，林地保有量1.61亿亩，湿地保有量1365.1万亩，林业产业总产值突破6000亿元的战略目标。

（三）林场改革成效明显

江西省现有国有林场421个，经营总面积174.53万公顷，约占全省林地面积的1/6，蓄积量9264万立方米，约占全省的1/4。生态公益林面积77.27万公顷，约占全省生态公益林总面积的23%，占国有林场林地面积的46.4%。2010年实施林场改革以来，按照国家和省委省政府总体部署及试点工作要求，本着"先行、先试、先改"的原则，积极稳妥推进改革，取得较大进展：林场整合定性有序推进，危旧房改造工程顺利开展，林场富余职工得到妥善安置，森林质量显著提高与林业产业提质增效。[①]

二 "五个维度"齐步推进森林小镇建设

课题组初步研究认为，森林小镇评价标准应以"四生一化"协

---

① 赵晓迪、周海川、赵荣：《江西省国有林场改革进展及对策》，《林业经济》2015年第3期，第46~52页。

同发展为核心，注重小镇生态、生活、生产、生命和文化的"森林特质"凝练与发挥。江西省森林小镇建设已对此进行了有益的尝试。

（一）深入挖掘自然资源，整体内化生态文明

生态需求已成为社会对林业的第一需求，只有生态多样性，才能为生物多样性提供条件。江西省森林资源丰富，林业条件优越，除明月山林场外，其他林场的森林覆盖率都在90%以上，一年中空气质量优良天数近300天，日均负氧离子浓度每立方厘米最高可达6000个。自国有林场改革以来，林场变"砍树"为"看树"，不挖山、不填河，依托原有得天独厚的自然环境，探索转型升级，发展生态旅游业的成绩，得到了江西省政府办公厅、江西省政协环资委、江西省林业厅、江西省省委政研室领导、专家的肯定。

表5-2　各林场生态环境指标

林场	森林覆盖率（%）	空气质量优良天数（天）	日均负氧离子浓度（个/立方厘米）
茶山林场	98	320	6000
明月山林场	82.62	285	4560
耳口林场	96.35	360	3035
冷水林场	96.37	350	2000

数据来源：调研组实地调研。

（二）实施多种经营，促进林业提质增效

江西省是全国首批林下经济试点省，已创建国家级林下经济示范基地7个、省级示范基地100个，林产业不仅从量上呈现加速发展态

势，产业和产品结构也得到了较大调整，整体水平取得较大提高。以森林旅游业为主的第三产业蓬勃发展，全省已建立森林公园70处，自然保护区134处。林业经济获得长足发展。

表5-3 双圳林场2014~2016年森林小镇主要经济指标

单位：万元

年份	地区生产总值	其中：第一产业	第二产业	第三产业	其中：涉林产业	财政收入	其中：涉林收入	人均可支配收入
2014	2948	1767	832	349	2268	500	200	2
2015	3391	2015	948	428	2563	600	200	2.5
2016	3572	1685	1072	815	2836	700	200	2.8

数据来源：调研组实地调研。

表5-4 茶山林场2014~2016年森林小镇主要经济指标

单位：万元

年份	地区生产总值	其中：第一产业	第二产业	第三产业	财政收入	其中：涉林收入	人均可支配收入	其中：涉林收入
2014	5100	1700	1900	1500	825	130	1.26	0.2
2015	7100	2000	3100	2000	984	270	1.36	0.41
2016	8500	2300	3500	2700	927	310	1.41	0.47

数据来源：调研组实地调研。

以贵溪市双圳林场为例，国有林场改革之后，双圳林场在总结历年发展经验和认真分析当前发展形势的基础上，提出"1+3"理念，主要表现为"突出生态引领、做实毛竹产业、做大森林旅游、做强林下经济"，将"毛竹产业、森林旅游和林下经济"作为强场富民、绿色崛起的特色产业大力发展。该农场地区生产总值、财政收入和人均可支配收入均得到明显增长。

专栏 5-1

双圳林场的"毛竹特色产品+林下经济+旅游"

产业一：毛竹产业——把山当地耕，把竹当菜种

林场积极与江西农业大学和江西省林业科学院等科研院保持深度合作，走"产、学、研"相结合的现代林业科技道路，同时培育建造毛竹基地。全场改造毛竹低产林1.7万亩，建立毛竹高效科技示范林1万亩，毛竹大径材培育基地4500亩，创毛竹加工产值2600余万元。

产业二：林下经济——以林下种植为主、生态养殖为辅

2014年，林场抽调精干人员进行林下经济开发工作，注册成立了贵溪市上山综合种植专业合作社，建立了上山食用菌培育基地，建造了储存冰库和烘干房等配套设施，注册了"甑盖山"和"青毛境"两个商标，实现职工人均增收1500元。林场现已初步形成"以林下种植为主、生态养殖为辅"的林下经济发展模式。2016年与邮政合作成立了"邮乐购"电商服务网上销售平台，目前已取得了200多万元的销售额。

产业三：森林旅游

林场组建阳际峰水业有限公司、旅游开发公司，申报国家级森林公园和3A级景区，投资近1000万元先后开辟"体验参与、生态休闲、游览观光、文化展示、野外探险"等精品旅游项目，生态旅游基础设施和配套服务设施也日臻完善。林场年接待游客达3万人次，年创产值超过700万元。

资料来源：调研组实地调研。

（三）依托国有林场改革成果，稳步提高生活质量

近年来，江西省根据有关国有林场改革政策精神，充分结合实

际，扎实推进改革，取得了积极成效。以调研考察的安福县为例，安福县实施国有林场改革后，全县原有7个林场整合重组为6个林场，同时转型升级为生态公益型林场、县政府直属正科级公益二类事业单位。改革期间，一次性清欠了历年欠缴的养老保险费和医疗保险费，全县国有林场在岗职工人均年收入由2011年的1.9万元增长到2014年的3万元，职工养老保险和医疗保险参保率均为100%，做到了应保尽保，实现了全覆盖。

通过全面深化国有林场改革，安福县国有林场体制更顺、更活，基础设施建设落实更到位。在现有专项资金渠道和政策范围内，加大了对国有危旧房、管护站点用房、林区道路、电网改造、饮水安全、森林防火等基础设施建设的投入。特别是在国有林场危旧房改造过程中，县委、县政府在县城规划区无偿划拨167亩建设用地集中实施2366户异地新建工程，减免土地转让金3亿多元。通过以上几点做法，林场发展活力明显增强，林区职工生活质量日益提高。

（四）多指标共同拓宽生命维度

1. 物种多样性充分，生态环境趋于稳定

物种多样性是指动物、植物和微生物种类的丰富性，是人类赖以生存和发展的基础。物种多样性是衡量一定地区生物资源丰富程度的一个客观指标，也是衡量生命价值和生态稳定程度的重要组成部分。良好的生态环境、优美的自然风光是孕育更多动植物的根本条件。伴随工业化进程的加剧，"绿水青山"在逐渐减少，越来越多的动植物濒临灭绝的边缘，物种多样性也随之减少。某些物种也能反映和反作用于地区的生态环境。洪江镇坚持"保护为先，发展为后"的基本原则不动摇，致力于产业转型，由生态开发转向生态旅游，境内环境优美，野生保护动植物数量逐年增加。

表5-5　2014~2016年茶山林场野生动植物种类数量

年份		野生保护动物	其中：国家二级	野生保护植物	其中：国家一级	国家二级
2014	种类	6	6	24	2	22
	数量	1000	1000	81000	75000	6000
2015	种类	6	6	24	2	22
	数量	1000	1000	81000	75000	6000
2016	种类	6	6	24	2	22
	数量	1000	1000	81000	75000	6000

数据来源：课题组实地调研。

表5-6　2014~2016年茶山林场古树名木种类数量

年份		古树名木	其中：国家一级	其中：已保护	国家二级	其中：已保护	国家三级	其中：已保护
2014	种类	16	1	1	3	3	8	8
	数量	104	36	36	8	8	16	16
2015	种类	16	1	1	3	3	8	8
	数量	104	36	36	8	8	16	16
2016	种类	16	1	1	3	3	8	8
	数量	104	36	36	8	8	16	16

数据来源：课题组实地调研。

2. 林业条件优越，古树名木、稀缺动植物保护不断增强

贵溪市光热水土资源丰富，林业条件优越。贵溪国家森林公园和阳际峰国家级自然保护区森林覆盖率达99.7%，保存有完整的常绿阔叶林森林生态系统和较多的珍稀动植物物种和珍稀植物群落，包括苦槠林、甜槠林、米槠林、鹿角栲林、多脉青冈林、东南栲林等典型的中亚热带南部亚地带的野生植物群落，以及南方铁杉、蛛网萼、伯乐树、香果树、南方红豆杉、紫茎、银钟花、密花树、柳叶蜡梅、美毛含笑等众多珍稀植物群落。分布有南方红豆杉、伯乐树、闽楠、浙江楠、花榈木、香果树、榉树等15种国家重点保护野生植物。

专栏5-2

茶山发展规划——放下斧头保生态

茶山依托优越的区位优势和奇特的自然景观，在央视重磅宣传"长寿村""传奇村""美女村"后，突出红豆杉和长寿养生主题相结合，将茶山建设为国内知名森林康养基地、休闲养生度假目的地。同时筹措资金实施场部红豆杉养生庄园一期项目，宣传系列长寿文化，强调"长寿"二字，推出长寿饮食、长寿谷、长寿党支部等文化景点。加大宣传"红豆杉树下睡觉可以治病"的传奇故事，将红豆杉与长寿养生主题相结合。除养生项目外，茶山还陆续开展登山、摄影比赛、漂流、果蔬采摘、彩树观赏，茶山水库垂钓、娃娃鱼养殖及观赏等多项休闲旅游活动。打造"3+1"（长沙、南昌、武汉、宜春）等城市及铜鼓县周边职工培训、小型会议及拓展基地。

资料来源：调研组实地调研。

3. 开发休闲养生，打造森林康养基地

森林本身是个"天然氧吧"，森林小镇的建设从某种视角来说是在打造森林康养基地，开发休闲养生功能。铜鼓是江西省首个"中国长寿之乡"。"中国长寿之乡"项目是由中国老年学学会组织进行，其评审标准共15个指标，包括经济发展、医疗卫生、社会保障、大气质量等12个考核指标，另有3个必达指标。茶山林场筹措1500余万元实施了场部红豆杉养生庄园一期项目，目前拥有功能齐全森林旅馆200余间，休闲、度假、培训设施齐全。茶山林海长寿客栈紧邻红豆杉古树群，邻山而居，全新装修，设有卫浴、电视、冰箱、麻将桌、24小时热水、厨房设施一应俱全，是养生休闲、旅游度假的理

想客栈。省林业厅在森林康养项目投资贷款贴息、管护房建设、天然林保护、经济林基地建设、古树名木及珍稀野生动植物保护、林区公路建设等政策项目予以支持，投资500万元规划面积达1000亩的八角莲保护区项目已在农业部公示，规划1500万元的茶山水库项目已纳入水利部"十三五"规划，即将启动。江西省林业厅还授予茶山"红豆杉科普基地"，将投资500万元的茶山红豆杉博物馆等项目纳入规划。

专栏 5-3

铜鼓县——"中国长寿之乡"

数据显示，2011年铜鼓县总户籍人口13.7888万人，2009、2010、2011年三年，百岁以上老人分别占当年总人口数的7.2/10万、7.3/10万、9.4/10万，百岁老年人比例呈逐年增长趋势。

2011年全县80岁以上老人有2013人，占总人口的1.46%，人均预期寿命达74.53岁（全国平均水平71.4岁），106岁的邹寅庚是铜鼓县最大年龄者。而铜鼓县的3项必达指标均已超规定标准，其余12项考核指标全部达标，有些指标还优于评审标准。

资料来源：调研组实地调研。

（五）整合跨文化资源，打造"独一无二"文化维度

1. 历史文化资源——"森林小镇"的事迹

江西省作为文化大省，历史资源丰富，文化底蕴深厚。自商代以来，江西省就形成了以生产实践为基础、以赣鄱农业文明为核心的独特文明体系。深厚的历史文化，不但留下了众多古老遗址，而且在悠久的历史长河中，对江西人有着潜移默化的影响。贵溪市双圳林场境内，甑盖顶庙宇、古茶道、火烧关、古寨城墙、红军木屋等历代古迹遗址保存完好，历史氛围厚重，人文景观独特。贵溪是"心学"发

源地,著名理学家、教育家陆九渊在此创办"象山学院"。贵溪是方志敏领导的赣东北革命根据地的重要组成部分,是中国工农红军第十军诞生地,曾是中央苏区的东大门。

2. 民族文化资源——"森林小镇"的性格

(1) 民族文化。双圳林场驻地贵溪樟坪畲族乡,是江西省八个畲族乡之一,是鹰潭、贵溪唯一的少数民族乡。畲族,中国南方游耕民族,绝大部分居住在福建、浙江广大山区,其余散居在江西、广东、安徽等省。畲族风情浓厚,民居充分展现畲族文化特色,畲族文化图腾广场、三公主森林公园、盘瓠宗祠、山哈宾馆、民族文化馆等标志性建筑体现了畲族人民的热情好客。畲族人民在日常生活和劳动中形成了淳朴的民族风俗,畲族舞蹈更是独树一帜。

(2) 民俗文化。洪江镇依托丰富的旅游资源,致力于产业转型,着力推进由林业乡镇向旅游乡镇转型。以良好的森林生态环境和森林村庄、自然生态村落等为依托,以林业生产基地为基础,结合当地禅宗文化,以农户、家庭林场、工商业主等为经营主体,建设融森林文化与民俗风情于一体的生态友好型观光休闲小镇。全镇目前已有上规模的农家乐100余家,全年接待游客达50余万人次,旅游收入逐年攀升。

3. 宗教文化资源——"森林小镇"的信仰

佛教自东汉传入中国,历经隋唐数百年,改革为中国化的佛教。中国佛教宗派林立,其中禅宗最为著名,又分为五大宗,即沩仰宗、曹洞宗、云门宗、法眼宗和临济宗。江西省宜春市有三大宗派,分别是临济宗、曹洞宗和沩仰宗。洪江镇禅宗文化历史悠久,曾经有回龙禅寺、大佛禅寺、大兴禅寺,沩仰宗的发源地便在洪江镇。

专栏 5-4

洪江镇——打造"禅意小镇"项目

以"亲山近水、一体两翼、百鹤展翅、洪江腾飞"为构想,打

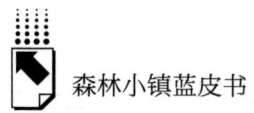

造集休闲、旅游、度假、参禅于一体的独具特色的禅意小镇为目标。近期建设重点如下。

（1）延续洪江自然山水结局，凸显城镇特色。严格保护城镇建设区内的风景林地，禁止开展任何形式的破坏山体的建设，延续洪江自然山水格局，为营造富有洪江特色的山水城镇提供必备条件。

（2）完善仰山国际禅修中心的建设。仰山国际禅修中心建设工程已经启动，近期对项目进行完善，对道路、设施进一步提升。

（3）完成镇区改造的拆迁安置工作。镇区改造拆迁工作正在进行中，包括拆除镇政府、卫生院、派出所、中小学等公共建筑面积2.93万平方米；拆除临街、上街、下街、三观等村庄建筑面积6.17万平方米。新区安置前期工作正在进行。

（4）启动污水处理厂建设，保障镇区水质。新建污水处理厂，完善镇区污水管网建设，近期达到污水处理率90%，从源头上减少人为活动对区内水体的污染。

资料来源：调研组实地调研。

4. 艺术文化资源——"森林小镇"的服装

茶山林场自然景观奇特，更是拥有"全国十佳林场""红豆杉科普基地"等多项金字招牌，游客纷至沓来。茶山林场除了依托中央电视台、新华网、新浪网等主流媒体大力宣传外，还通过微信平台、微电影拍摄等新型模式重磅宣传茶山。茶山林场致力于创办茶山国际"二月二龙抬头"生态节、书画节、篝火节、帐篷节，邀请书画界、文学界泰斗来此采风、创作，以提高茶山文化底蕴。

三 森林小镇建设面临的问题与思考

调研组实地考察的四个林场对于森林小镇建设具有极高的热情，

并希望借助森林小镇建设促进林场转型升级。但是，面对经济社会发展的新环境、新要求，江西森林小镇建设面临亟待解决的问题。

（一）森林小镇建设中急需解决的主要问题

1. 资金支撑体系不完善，剩余劳动力大量转移，深陷建设起步泥潭

调研发现，江西各林场普遍反映森林小镇建设资金短缺的问题。2011年开始的国有林场改革明确了国有林场以保护培育森林为主的职责，国有林场在职责转变后，失去了伐树贩树的收入来源。由此导致各个国有林场收入锐减，缺乏足够的资金进行旅游等项目开发的前期投入。此外，由于林场资金匮乏，部分林场甚至出现了"等、靠、要"现象，希望森林小镇能够由省林业厅或国家林业总局负责资金、项目规划，并且能够协助建设，缺乏依靠自身进行发展理念，过分地依赖政府的投入。

江西省各个林场进行过林场改革与棚户区改造之后，林场工人数量锐减、在职的员工也大多在当地县城有了房子，林场的人员数量，尤其是周末与节假日在场员工数量进一步减少。林场人数少，劳动力缺乏，这对于发展森林旅游、森林康养等需要大量劳动力的服务业极为不利。

2. 建设"基石"不稳固，难谈后续发展

完善的基础设施是森林小镇建设的前提和基础。由于各个国有林场资金短缺问题，林场极难依靠自身进行基础设施建设。在调研组实地考察的各个林场之中，大部分林场基础设施建设落后。其中道路问题最为严重，各个林场与主干道之间的道路较为陈旧，且过于狭窄。此外，部分林场山体为页岩结构，山体较为脆弱，大规模开发存在安全隐患。林场进场的盘山公路修建较为粗糙，部分路段疑似山体塌方与滑坡，出现了巨石堵路现象。

3. 相关法律法规过繁过苛，林地整合困难重重

完善的法律法规是森林小镇建设的保障。各大林场普遍存在国有

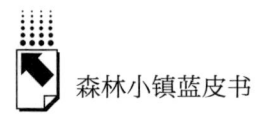

林场改革相关法律法规颁布时间长，不适应现有发展的情况，严重限制了各个林场的发展。首先，部分林场林地属于集体林地，在整合过程中就涉及村民用地问题。在建设规划中涉及的房屋拆迁等事件，也牵扯到与村民协商的问题。其次，林场的基建用地存在审批问题。基建用地的审批由国土部门负责，而林场又属林业部门直接管辖，故而，林场基建用地的审批涉及双部门甚至多个部门，报批效率会有极大的下降。此外，部分林场地处国建及自然保护区甚至是保护区的核心区，而国家保护区范围内的林地严禁开发，核心区更是除科研外禁止进入。此类林场由于先天原因几乎丧失了开发条件，难以开发。诸如此类问题在后续的森林小镇建设中，不但会极大地打击地方政府建设森林小镇的热情，同时也会阻碍森林小镇的建设进度。

4. 生态保护机制缺失，垃圾问题处理不当

生态资源是林场建设、改革和发展的根本要素。不少林场古树名木、珍稀动植物的被盗窃现象严重。植物盗窃有暴利可图，仅靠单一的罚款拘留措施很难遏制盗窃者的卑劣行径。野生动物也同样是盗窃者的目标，大量的野生动物被捕杀。生态保护机制的不完善、法律的刑事责任过轻致使这些物种屡遭毒手。

调研考察过程中发现，大部分林场想通过发展旅游业来实现林场的转型，但在建设开发旅游资源、规划设计旅游路线的过程中耗费了大量资金。与此同时，也带来了诸多问题，旅游业的发展给林场生态带来巨大的压力，旅游设施的建设占用了大量的林地面积，建设过程中的建筑垃圾处理不当，致使林场环境遭受破坏。

（二）推进江西省森林小镇建设的总体思路

1. 率先推行一批初具条件的试点，并且建设中要开通政策"绿色通道"拓宽地方政府自由裁量权范围

鉴于森林小镇建设尚处于起步阶段，政府可通过林场的森林资

源、区位交通条件、基础设施建设情况等一系列指标选定2~3个符合标准的区域作为试点，在试点地区进行森林小镇建设试验，在建设过程中总结发展经验，归纳森林小镇建设的相关指标，为后续的推广提供可借鉴的经验与参考指标。

省人大常委会与全国人大常委会应当组织相关法律专家与学者对现有的与林业相关的法律进行梳理，对于不适应时代发展的相关法律或相关法律条款进行相应的修订。同时，林业部门也应该出台相关的政策，扶持各个林场的转型与森林小镇的发展。为建设中的地区开通政策"绿色通道"，适当加大地方的自由裁量权，张弛有度，不必事无巨细，处处把控。

2. 加大社会资本引入森林小镇建设的监管力度，防止"占用资源不开发"现象出现

在森林小镇建设过程中引入PPP模式确实在一定程度上能解决资金方面的问题，但同时也会存在社会资本取得开发权后"占用资源不开发"。首先，建立法律监管体系，对资金形成良好的有效监管。其次，设定政府责任在项目准备、项目招投标、项目投融资和项目实施四个阶段。政府一定要严把投资质量关，在选择合作的社会资本时进行严格的筛选，选择完成后要加强对社会资本的监督力度，保证开发"合理，合法，合适"。

3. 采用"积分制"，对积分高的建设良好地区给予一定的奖励

在森林小镇建设中可引入企业积分制管理制度，为每个森林小镇建设地区设立一个积分账户，当出现符合积分奖励事项的行为时，由地区或行为事项管理人员申请，验证人验证后，获得相应积分。当积分累积到兑换点后，建设地区可自由进行兑换，享受相应奖励（现金奖励或者政策奖励等）。积分被兑换后相应积分即从积分账户中予以扣除。

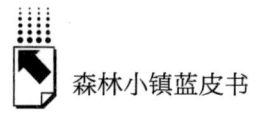

（三）推进森林小镇建设的具体建议

1. 依托国有林场转型，整合现有资源进行森林小镇建设

江西省作为国有林场转型的先锋军，在森林小镇建设中可依托转型优势，整合现有资源进行森林小镇建设。按照国家林业局的总体部署，在完成森林分类区划界定的基础上，应重点处理好国有林场与森林小镇建设的角色定位差异，寻求可对接的点，并以此实现转型升级。

2. 整体定位，分区规划，加强人才培训，发展要"合民心，顺民意"

加快制定森林小镇建设的总体规划与专项规划，明确近期、中期和远期的发展目标，明确主要空间布局和主体功能。林场在进行建设时首先应该制定详细的规划，针对林场的地质特点、地貌情况等进行建设；其次，林场在进行建设之前，尤其是进行山路修整、山地开发的项目之前，应该对于建设地的地貌地质、物种情况等进行详细的考察，使建设对于山体以及树林物种的影响降至最低；再次，对于盘山公路，林场及有关部门应当做好万全的防护措施，尽量避免由公路修建引起的山体塌方与滑坡。

在劳动力方面要加强人才培训，积极培养文化产业经营人才。一方面，通过完善政策，广泛吸纳优秀文化人才进入基层文化岗位，积极引导文化人才立志林区文化建设；另一方面，重视现有文化人才的培训，不但要培养提升文化管理水平，还要培养经营文化的能力，成为懂行情、会经营、有点子的林业文化产业经纪人。

3. 深入挖掘其特色产业，规范建设，突出特色，把资源优势转化为经营优势

依托森林资源和生态优势，合理配置产业、文化、旅游要素，以林业名、优、新、特生产基地为基础，实施三产融合发展，打造发展实力。各地林场在建设时应当注意建设用地的合理性以及建设规模的合理性，尽量减少对于当地森林生态的影响与破坏，依托当地独有的景色、文化以及区位优势突出自身的特色，尤其是森林特色建设森林小镇。同时，各地林业部门应当与国土部门进行协商、沟通，解决好林场的建设用地问题。

发挥优势，积极发展特色产业。注重挖掘地方文化资源，发挥文化特色和地方优势，开发文化产业的强项，努力探索文化与经济的最佳结合点，形成具有鲜明特色的森林特色产业品牌。

4. 创新联合模式，拓宽投融资渠道，摆脱"等、靠、要"

森林小镇既非简单地以业兴城，也非以城兴业，既非行政概念，也非工业园区概念，而是相对独立于市区，具有明确产业定位、文化内涵、旅游资源和一定社区功能的平台[①]。林场与林场之间或者林场与自然村落可进行联合，共同构建一个全新的森林小镇。要在有限的空间内融合当地产业、旅游、文化和社区功能，使之成为令人向往的风景优美、环境宜居和氛围和谐的品质生活之地。

针对各个林场普遍存在的资金不足，各个林场除了可以利用 PPP 模式进行项目开发，还可以通过项目融资，如产品支付、融资租赁、bot 融资、ABS 融资等融资方式，同时可以把私营企业中的效率引入公用项目，极大地提高项目建设质量并且加快项目建设进度（这一点对于处于起步阶段的各个林场十分有利）。同时，林场也可以通过这种方法将项目风险转移给私营发起人（私营企业）。

5. 开展"互联网+"行动大力推进智慧林业建设，促进林下经济健康发展

依托"互联网+"发展林业产业，实现发展方式转型升级。随着人们生活水平的快速提高，公众对优质绿色的生态产品的需求日益增加，对森林、湿地等自然美景的向往日趋强烈。要以"互联网+"

---

① 李强：《怎样推进特色小镇建设》，《中国乡村发现》2016 年第 12 期。

战略为契机，推动林业产业转型升级，拓宽林产品销售渠道，把优质特色林产品和优质森林旅游产品推向社会大众，既实现林业增收，又惠及社会大众。要建设智慧林业产业培育工程，促进信息技术在林业产业中的应用，积极培育产业新业态。要开展林产品质量安全监管物联网应用，实现采伐、运输、生产、仓储、配送、销售等全过程数据可追溯、质量可监控、信息可查询。要推广应用林产品交易平台建设成果，为林企林农提供智能、便捷服务，推动服务业转型，培育服务新业态。要加快智慧林业两化融合，全面提高林业生产管理水平及产业竞争力，进而推进林业产业的可持续健康发展。

结　语

江西省作为第一家全省实施的国有林场试点改革地区，各方面取得了不错的成绩，为进一步推进国有林场改革提供新的范例。在与"森林小镇"建设的结合中也充分显示了项目的可操作性，为特色新型城镇化道路积累经验、贡献力量。

当然，江西省在"森林小镇"建设与国有林场改革结合过程中仍存在诸多有待进一步探究的重要现实问题。比如，第一，国有林场改革与"森林小镇"建设融合度不够；第二，如何妥善处理林场职工的长期生计问题，改革与建设要与职工的生存发展相融合；第三，"森林小镇"更为深远的意义在于，对所在地区的城镇化发展造成重要影响，如何妥善协调发展与环境之间的关系必须重视。

B.6 东北大林区的森林小镇建设*
——吉林省的调查

摘　要： 为深入探究东北国有大林场建设森林小镇的基本路径以及面临的挑战，课题组对吉林省森林小镇情况进行调研，重点实地考察了蛟河林业实验区管理局、白河林业局黄松蒲林场、辉南森林经营局等3个典型地区。调研发现，吉林省森林资源丰富，国有林场改革正处于扎实推进的关键时期，林业经济面临深化改革和产业升级的双重任务，在此背景下国有林场已开始探索森林小镇建设路径，形成了多层次的发展经验。下一步，吉林国有林场的森林小镇建设应重点破解三个难题，即破解缺少总体规划，起步资金来源渠道单一的现实难题；破解林地整合出现困难，与现有法规发生冲突的现实难题；破解缺少对外推介平台，外界关注度不够的现实难题。

关键词： 国有林区　森林小镇　产业升级　吉林省

---

* 联合调研组：倪建伟，调研组组长、发展中国论坛学术委员会委员，浙江财经大学教授、博士；宋彩虹，中国市场经济研究会学术委员会副主任；欧国平，国家林业局场圃总站国有林场发展处处长；刘鹏，国家林业局场圃总站国有林场发展处干部；陈鋆泽，浙江财经大学研究助理；杨师，浙江财经大学研究助理；钟涛，浙江财经大学研究助理。本报告执笔：倪建伟、陈鋆泽、钟涛、杨师。
感谢国家林业局场圃总站、吉林省国有林场管理总站、蛟河林业实验区管理局、白河林业局黄松蒲林场、辉南森林经营局对"全国'森林小镇'评价体系与发展指数研究"调研组的大力支持！

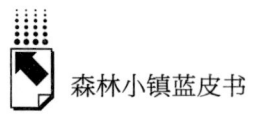森林小镇蓝皮书

"绿水青山就是金山银山",从绿水青山转变为"金山银山"有一个转换、转化和转变的过程。森林小镇是践行"两山论"的重要载体,它把"绿水青山"转变为发展的"软实力"和"硬实力",为生态与经济找到了一个最佳"耦合点",为"绿水青山"转变为"金山银山"提供了现实条件,初步实现了生态保护与加快发展的良性互动。我国生态价值最好的地市集中在南北"四+八"地区,北部包括黑吉辽、内蒙古地区,南边主要集中在湖南、江西、福建、广东、广西等省,这些地区森林资源与水资源丰富,更适宜成为"森林小镇"先行先试的试点地区。

为深入探究东北国有大林场建设森林小镇的基本路径以及面临的挑战,由发展中国论坛、国家行政学院新型城镇化研究中心联合组建的"全国'森林小镇'评价体系与发展指数研究"联合调研组,于2017年6月12~15日对吉林省森林小镇情况进行调研,重点实地考察了蛟河林业实验区管理局、白河林业局黄松蒲林场、辉南森林经营局等3个典型地区。

表6-1 2017年6月吉林省调查样本

林场	所在乡镇	特点
蛟河林业实验区管理局	前进乡	"森林氧吧"、"全国林业信息化建设示范县"
白河林业局黄松蒲林场	二道白河镇	"长白山下第一林场"、"生态旅游建起绿色银行"
辉南森林经营局	辉南镇	"国家全域旅游示范区"

一 吉林省森林资源及林场改革的基本情况

(一)森林资源情况及林业发展概况

吉林省是全国重点林业省份之一。东部长白山区素有"长白林

海"之称，是全国重要的生态屏障，也是松花江、鸭绿江、图们江三大水系的发源地，在整个东北乃至东北亚地区的生态系统中占有重要位置。

吉林省林业用地面积937.6万公顷，林地面积822.1万公顷，森林覆盖率43.9%，活立木总蓄积98801万立方米，建有不同类型的自然保护区44个，面积257.54万公顷，其中国家级自然保护区14个，省级自然保护区23个，省级以上森林公园57个，其中国家级森林公园35个，省级22个。

吉林省设有省、市（州）、县（市、区）三级林业行政主管部门77个。其中林业工作站700个，森林病虫防治检疫站90个，林木种苗管理站71个，野生动植物管理和救护机构122个，县级以上森林公安机构94个，各级林业科研单位8个，县级以上科技推广机构30个。吉林省作为国家重点林区，设有国有林业局18个，森林经营局4个，省林业厅派驻各地森林资源监督机构12个。

进入21世纪以来，吉林省委、省政府高度重视林业产业发展，提出了"努力实现由森林资源大省向林业经济强省跨越"的重大任务，编制了《吉林省林业产业发展规划》，确立了吉林省林业产业"四区五带"发展布局，建设林业经济强省纳入省级战略，林业产业进入了快速发展时期，"十一五"期间吉林省林业产业产值增长速度一直保持在20%以上，2011年林业产值首次突破1000亿元大关。2015年吉林省实现林业总产值1550亿元，比上年增长7%，是"十一五"期末的1.5倍，林业经济总量在全国各省（区、市）排名中名列第12位。经过多年发展建设，吉林省已形成以林下种植养殖、经济林培育、非木制品加工和森林旅游为主体的林业特色产业发展格局。截至2015年末，全省建成省级以上林业产业园区10个，其中国家级林业产业园区1个，建成龙头企业和产业基地185个。

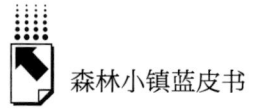

吉林省林业经济正面临深化改革和产业升级双重建设任务，林业经济呈现新的发展特点。一是社会资本投入林业产业势头兴起。全省近两年来已有50户工商企业进军林业，投入资金近100亿元，带动林业生产、营销方式实现了重大转变。二是林下经济成为大众创业、林农增收的主导。在集体林权制度改革的引导下，吉林省林下经济异军突起，近3年来以每年15%~20%的速度迅速增长，成为拉动林业乃至区域经济的重要推力。目前东部林区已经初步形成了吉林大果榛子、延边食用菌、通化中草药、白山蓝莓等四个具有相当规模和地区特色的林下经济产业带。三是科技创新成为产业创新发展的驱动力。科技创新成为企业开发新产品、争夺竞争主动权、走出困境寻求突破的最有效武器，从种植、养殖到产品加工，长春派诺生物、通化康元药业、八家子兴林科技等一大批科技型企业正在成为创新发展的真正主体。四是电子商务等现代营销方式已经逐步融入林业经济。经过近几年的调整转型，更多的林业企业把经济发展的精力和重点投放在了市场销售上，走出了一条以销确定生产规模、以销稳定产品价格、以销促进产业发展的路子。五是各级政府对林业产业发展的扶持力度进一步加大。在"建设林业经济强省"战略推动下，各级政府、林业主管部门和森工企业，逐步认识到林业产业的巨大发展潜力和不可替代的作用，出台优惠扶持政策，引导产业发展方向，组织开展技术服务，大力营造良好环境，有效地推动了林业产业转型升级。5年来吉林省财政投入林业产业发展专项资金1.84亿元，扶持产业项目425个，聚集各类项目投资总额近百亿元。目前，现有林业企业已达4350户，产业基地1702个，农民专业合作社786个，国有林场334个。全省已建成国家级林业产业园区1个、省级林业产业园区9个。国家级林业产业化龙头企业6户，省级林业产业化龙头企业126户，省级林业产业基地59个。

（二）吉林省国有林场改革情况

吉林省有340个国有林场，现有职工6.8万人，经营总面积5832万亩，占全省面积的1/5。国有林场作为推动林业建设的骨干力量，在促进林业发展、加快生态建设、促进经济社会发展等方面都发挥了不可替代的作用。但由于大部分国有林场地处偏远，交通不便，信息闭塞，计划经济时代遗留的人员过多、社会负担过重等原因，在市场经济发展过程中，经济危困问题日益暴露，职工待遇低下，生活困难，体制机制陈旧，职工生产积极性得不到充分发挥，因此亟须明确国有林场的生态公益功能定位，理顺国有林场的管理体制和经营机制，完善支持国有林场改革发展的政策体系。

2016年6月，吉林省国有林场改革工作正式启动。目前，吉林省国有林场改革的顶层设计已全部明确，各项任务推进的时间表、路线图已十分明晰，国有林场改革已经取得了阶段性进展。

专栏6-1

吉林省国有林场改革的阶段性进展

强化组织保障。吉林省政府成立了国有林场和国有林区改革领导小组，吉林省国有林场和国有林区改革领导小组办公室印发《吉林省国有林场林区改革重点工作分工的通知》。市、县两级政府和林业部门也相应地成立了改革领导机构。吉林省政府与各市州签订改革目标责任书，明确各级政府的主体责任。吉林省林业厅成立了林业三项重大改革领导小组，吉林省编制部门批复设立了吉林省国有林场管理总站。

强化宣传培训。印发了《国有林场改革资料汇编》、《吉林省国有林场改革操作流程》；举办国有林场改革专题培训班，分层次进行培训，详解改革政策、标准和操作流程；建立改革专题网站和微信公众

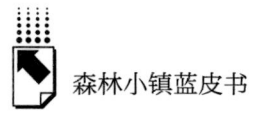

号，编发《改革动态》，使林场职工清晰明白改革进度、改革要求。

出台改革配套政策。省级相关部门研究财政补助、参加社保、缓收滞纳金和职工身份认定等改革配套政策，联合印发了《关于国有林场改革涉及几个具体问题的指导意见》。

拨付改革补助资金。2016年共协调落实各类资金总额达23.7亿元，有力地保障了改革平稳推进。其中中央财政国有林场改革补助资金11.1亿元，中央财政天然林停伐补助8.5亿元，中央财政天然商品林管护费0.6亿元，中央财政国有贫困林场扶贫资金0.5亿元，省财政落实国有林场改革补助资金3亿元。

吉林省国有林场改革采取试点先行、分步推进的办法。公主岭市等13个县（市、区）先期开展改革试点工作，试点县方案已经批复，正在组织实施。各非试点单位也开展了职工身份认定、编制方案等改革准备工作，已有42个县份完成县级职工身份认定工作。企业性质的国有林场职工养老保险欠缴部分已基本补缴到位，各试点县的县级方案正在印发执行。

资料来源：徐慧：《吉林省国有林场改革取得阶段性进展》，2017年。

二 吉林省森林小镇建设总体规划部署及思路

吉林省有着丰厚的林业资源，在国有林场改革实施后，为解决林场职工生计发展问题，可以结合当地优越的资源条件开展森林小镇建设计划。在调研组本次走访的三个林场中，其在森林小镇的探索之路上都形成了一些经验。

（一）蛟河林业实验区管理局森林小镇建设

吉林省蛟河林业实验区管理局始建于1956年，现为吉林省林业厅直属正处级事业单位，承担着全省林业生态建设、教学研究、科技推广等试验示范任务。行政区域位于蛟河市前进乡境内，辖区总经营面积 31823 公顷，林业用地面积 28646 公顷，有林地面积 28134 公顷，2013 年森林总蓄积量 460 万 m^3，每公顷蓄积量 $164m^3$，森林覆盖率 88.4%。这里有东北红松阔叶林向顶级群落发展的近原始森林，林相完整，生物多样性丰富，被称为"生态孤岛"，特别是吉林红叶岭国家森林公园，森林风景资源丰富，区域内林木单位公顷蓄积量达到 $210m^2$，空气负氧离子平均含量达 4 万个/立方厘米，植物源有机挥发物含量明显高于其他林区，优异的自然条件和空气质量奠定了其发展森林旅游的资源基础。

依托区位优势、资源优势、历史文化的积淀和环境教育基础，蛟河林业实验区管理局将重点推介"中国最美生态林场"、"张广才岭门户"品牌概念。今后一段时间内，着力在以下几个方向展开工作，实现其森林旅游的核心竞争优势。

1. 创建"中国最美生态林场"，打造宜居、宜业的森林小镇

最美红叶景观带：红叶岭国家森林公园的红叶景观带是近原始林背景下的红叶景区，是对蛟河"红叶之城"品牌的丰富和延伸，在景观特点上区别于其他次生林红叶景区，更具震撼力和视觉冲击。

最美宜居小镇：通过林区棚户区改造项目，局址面貌焕然一新，具备了打造现代化宜居宜业森林小镇的基础。

最美森林步道：依托红叶岭国家森林公园和森林体验基地项目建设，完善区域内游步道、山地自行车道、雪地摩托车道等森林道路体系建设，尽显森林运动魅力和四季风光之美（原始森林、高山雾凇、石海、五花山、金秋红叶）。

2. 打造以森林养生为主题康养基地

借助森林资源优势和基础条件，建设森林养生基地，是发挥森林

多种功能的重要途径,是加快转变林业发展方式、激发林业生产力的重要途径,也是加强生态文明建设和健康中国建设的重要途径。森林康养是以森林养生医学为基础,引导人们置身于森林、空气、阳光之中,亲近自然、追求健康,达到防病治病、调养身心、康体健身的目的。通过森林浴养生、中医药养生、膳食养生、温泉养生、运动养生、文化养生等项目内容的建设,变森林资源优势为健康资源优势,创新发展康养林业,力争在5年内建成东北林区规模较大,社会效益、经济效益良好的森林康养中心。

3. 建设国学文化传播基地

国学是中华文明的重要载体,它不仅是中华民族的优秀文化遗产,也是中国人不可或缺的精神力量。吉林中道文化交流中心旨在通过举办高水平的国学讲堂、禅修营等活动,促进国学文化(儒、释、道)交流,打造国际性的文化交流中心,引发人们对传承国学文化的关注,促进其长远的传播与发展。目前,交流中心面积达到12000m^2,接待能力300人,共计举办禅修营十六期,参训人员2000人次。

4. 打造以森林运动、户外拓展培训为主题的山野型国家森林公园

针对户外休闲运动、户外拓展培训的巨大市场空间,结合蛟河林业实验区管理局森林旅游打造差异化竞争优势的需要,红叶岭国家森林公园将建设以丛林运动、青少年户外拓展为主要内容的森林体验基地。也将在2018年与广州启程、北京贝尔、吉林山水行等知名户外培训机构在拓展内容、设施建设、路线开发等方面展开深度合作。

专栏6-2

蛟河市大成房车露营地的建设投资方案

项目进展情况

国家发改委已批复立项,此项目列入国家十三五规划,全国共计

514家露营基地，吉林省七家，其中一家就是大成房车露营项目。

总投资

总投资5400万元，建设五星级房车露营地，项目分三期完成。第一期：投资额1500万元，建40个5星房车停车位，自驾车停车场位100个，移动木屋10个，服务综合区一个，购买房车3辆：拖挂房车5个，环保型全功能水洗卫生间1处，水、电的配套工程及其他配套设施。第二期：投资额2000万元，购豪华型房车3辆，国标多功能木屋15个，及健身房1个，及各种器材，露营区1处，绿化园林景观的建设。第三期：投资1900万元完善前期工程的不足部分建设及购买相关设备等。以上建设全部为环保活动式建筑，在发展房车露营地项目的同时，参与投资红叶岭国家森林公园其他森林运动类项目投资，利用资源和我们的努力，借助房车、露营地产业发展趋势，把森林旅游行业做强做大。

合作方式

①你出土地，我出资金，按比例分配利润。②按年度缴纳租金。③租金+利润分成的动态分配方式。

资料来源：调研组实地调研。

针对森林旅游的发展，蛟河林业实验区管理局委托国家林业局林产工业规划设计院、北京天道蓝图规划设计院等单位编制了《吉林红叶岭国家森林公园总体规划》《吉林省蛟河林业实验区管理局产业转型总体规划》《唐马森林古镇规划设计方案》等规划。2015年，其利用林区棚户区改造资金3100万元，全面改造了局址面貌。2018年，在现有基础上，实施配套基础设施、局址给排水、"圣佛寺"建设等三个项目，总投资达5000万元，将进一步完善局址道路、人工湖、栈桥、栈道、停车场、公共厕所等服务设施，森林小镇接待服务功能将在局址区域集中体现。同时计划投资1870万元，实施局址至六合园道路改扩建、东大坡景区道路新建项目，全面改善景区进入条件。森林小镇将以实验局局址为主体，建设以食宿、购物、疗养、国学教育为主要功能的服务综合体，打造"慢生活森林小镇"；通过森林公园管理服务区内"木帮部落"项目，建设以木帮体验、森林采集、山地运动、冰雪运动为主题的"动感森林小镇"，兼容民俗文化、生态农业、自然体验等元素；以"雪岭驿站"为基础，重点打造冰雪运动深度体验项目，将森林小镇的冰雪体验内容融入张广才岭冰雪旅游环线中。

（二）白河林业局森林小镇建设

白河林业局始建于1971年，地处长白山腹地，素有"长白山天下第一局"的美誉。黄松蒲林场森林覆盖率高达98%，区域总面积为202005亩，其中林地201389亩，草地22亩，住宅210亩，交通用地15亩，水域及水利设施219亩，公共管理与公共服务区域150亩，人均绿地面积40平方米。户籍人口359人，常住人口238人，人均预期寿命较高，为85岁。全年空气质量优良天数多达320天，日均负氧离子浓度50000个/cm^3，最高可达89900个/cm^3，最低为30000个/cm^3。

国有林场改革之后，白河林业局重新审视自身区位优势和资源禀赋，明确将大力发展林下经济和森林生态旅游作为林区转型的接续产业和职工增收的重要增长点。2014年，在森林小镇建设上投入资金81.5万元，并且呈逐年递增态势。2015年，投入资金106.6万元，2016年，投入资金127.5万元打造森林小镇项目。这体现了其想依托丰厚的森林资源和生态优势，合理配置产业、文化、旅游要素，走出一条发展新道路。黄松蒲林场在总结历年发展经验和认真分析当前发展形势的基础上，借助长白山池北区登山必经之路的优势，重点打造了长白山大戏台河原生态风景区、长白文化景区、神奇魔界景区等十大景区。自 2014 年起，大戏台河景区与长白山景区通力合作，年旅游接待超过 20 万人次，实现年产值达 1000 多万元。在"十大景区"的辐射带动下，住宿、餐饮、运输等相关产业快速发展，实现了"变白天游为全天游、变夏天游为全年游、变观光游为休闲游、变浅层游为深度游"的目标。

针对林业发展的新常态，近年来，林场党支部通过开展解放思想大讨论等各种措施和方法，不断加强思想解放教育，增强了干部职工转型发展的紧迫感和创业致富的意识，牢固树立了"不等不靠、自强自立"的创业精神，并通过项目的建设和产业的发展，坚定了广大党员干部、职工"有木能生存、无木也致富"的信心。林场党支部依托特有的区位优势，抓项目、促发展，做强场站经济。通过反复论证，2011 年 6 月，带领 128 名职工集资 500 多万元以股份制的形式开发建设了"大戏台"河原生态旅游景区，并在 2012 年试营业的 4 个月中就接待游客 7 万多人次。随后，创立了"大戏台河景区有限责任公司"，目前，该景区累计投资 3500 万元，已经成为年接待 25 万人次旅客的国家 AAAA 级景区，不但解决了上百人员就业问题，而且年产值达上千万元，已经成为带动白河旅游快速发展的龙头项目。

继成功运作大戏台河景区后，2014 年，林场党支部又带领职工集资 648.5 万元开发建设了集山水红叶美景和森林穿越漂流于一身的"墨龙湾"原生态风景旅游区。2015 年，总投资 160 万元的一期森林漂流项目于 7 月正式营业，三个月共接待旅客 1.4 万人次，创收 57 万元。与此同时，林场还整合资源，大力发展林下经济，于 2014 年以场站经济模式建立了 6 公顷的仿野生灵芝培植基地；以职工入股的方式，投资 85 万元建设了 10 公顷的绿化大苗基地栽植花楸、五角枫、云杉等树种 13000 余株，推动了产业的进一步转型。

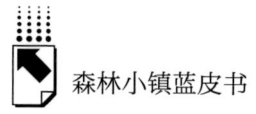

专栏6-3
黄松蒲林场转型成功经验

林场党支部充分发挥党员领导干部创业致富的带头作用，促进了全民创业的蓬勃发展。目前，6名班子成员人人都有创业项目，并且每人扶持1~2名困难党员或职工开展创业，并取得了显著成效。同时，林场全方位构建创业平台，大力拓展职工增收新途径，各种相关产业飞速发展，白山大酒店餐厅、特色烧烤、山泉鱼馆、鹿园等特色餐饮项目，仅"十二五"期间就累计实现收入1000万元。旅游业发展的同时也拉动了山野菜、木耳、蘑菇、红松子等特产的销售，形成了以黄松蒲林场为中心，辐射带动周边旅游产业大发展的经济链。截至2015年末，林场创业总产值达1970万元，人均创业性收入5.82万元，与2010年人均创业性收入相比，增长了646%。

资料来源：根据黄松蒲林场座谈整理。

"面对停伐，林业局的经营观念由'砍树'变为'看树'。林区职工原来上山伐木的话，每个人一年的工资也就一两万元，现在搞森林旅游，发展家庭旅馆，收入成倍增长，创业性收入能达到三四万元。"戴伟说，"我们还和携程网等旅游网站搞合作，网络订单占了三成。职工都尝到了森林旅游带来的甜头，大家也对未来的生活充满信心。"

资料来源：根据2017年6月14日工会主席戴伟发言整理。

（三）辉南森林经营局森林小镇建设

辉南县地处吉林省东南部的长白山区，曾拥有丰富的森林资源，但由于计划经济体制下过度的采伐已经接近枯竭。2001年，当地森林经营局内共有林地5万多公顷，而允许采伐的商品林仅为14564公顷，其中近熟林只占2839公顷。面对稀缺的森林资源，辉南县森林经营局转变思路，在保护现有林业资源的同时，充分发掘长白山森林的旅游资源、矿产资源和林地资源。2003年由国务院批准成立吉林龙湾国家级自然保护区，区内设立国家级森林公园，充分地开发了森林的旅游资源[①]。2016年旅游入境人数、产业总收入分别达到380万人次、22.3亿元，并入选全国首批"国家全域旅游示范区"。与此同时，辉南森林经营局充分开发利用长白山天然的矿泉资源，设立了"天龙泉"矿泉水厂，选择优质的龙湾原始森林景区内地下2600米自涌泉作为水源地，于2005年获得《全国工业产品生产许可证》，是目前吉林省仅有的两家本土矿泉水企业之一。同时，他们还积极带动当地百姓发展林地经济，将全局5万公顷林地承包给当地百姓，在不破坏森林植被和物种的前提下，大力发展林冠下多种经济。多户家庭发展了药材种植、牲畜养殖、林蛙养殖等项目。2015年，全县农村经济总收入达到37.5亿元，增长10%。长白山特产业实现产值10.4亿元，增长12.9%。

目前，辉南森林经营局已经转变了过去单纯靠木材生产、加工为主的经济发展模式，形成了保护区建设、旅游经济、矿产经济和林区家庭经济"四轮驱动"的绿色增长方式。其下属单位旗林场区域总面积为883.5亩，其中林地400亩，耕地73亩，住宅157.5亩，交通用地233亩，公共管理与公共服务区域20亩。户籍人口395人，常住人口172人，人均预期寿命为78岁。全年空气质量优良天数多达360天。主要林木种类有红松、榆树、椴树和胡桃楸树，有2种国家一级野生保护动物和24种国家二级野生保护动物，1种国家一级野生保护植物和7种国家二级野生保护植物，生物物种资

---

① 孙立文：《辉南森经局走出林业经济新路》，《吉林农村报》2012年3月7日。

源较为丰厚。目前，正积极开展森林小镇建设工作，但尚处于起步阶段。

专栏 6-4

红旗林场建设森林小镇的突出亮点和创新点

地理位置得天独厚。红旗林场与吉林龙湾群国家森林公园毗邻，同属吉林省辉南森林经营局下属单位，既可以避免区界权属方面的纠纷，又能充分利用龙湾群国家森林公园的品牌优势，达到捆绑宣传、游客共享、协同发展目的。

区位优势明显。红旗林场处于沈阳、长春、抚顺、四平、吉林、通化、白山等大中城市的中心区域，区位优势明显，景区距离长白山旅游区220公里，距离长春市200公里，距离沈阳市约为300公里，是长白山黄金旅游线路上的第一门户。

交通运输便利。公路、铁路、航空运输四通八达。抚松至长春高速公路、沈吉铁路，可直达长春、沈阳、北京、上海等中心城市；长春龙嘉国际机场、长白山机场、通化三源浦机场是到达本区的空中走廊；进区主要入口衔接沈吉铁路、抚长高速公路，以及302国道、省道朝长公路、省道营白公路，形成放射性的交通网络，交通快捷畅达。

矿产资源丰富。天龙泉矿泉水是特有的矿泉水资源，源于地下2600米涌泉，优质的矿泉资源为本区动植物的成长提供了原生态的水资源环境，绿色、健康、纯天然为特产的先天优势；冷水资源丰富，冷水鱼养殖现已成规模。

区内生态养殖沟系较多，林蛙养殖、林下参间植、中药材种植等产业具有良好的发展前景，可以与本局内其他林场联合建立绿色食品、中药材基地。

由于高海拔，无霜期短，特别适合于人参的种植；冬季雪大，冰冻时间相对较长，可借助全局开发冬季旅游的契机，通过建立如雪村等开发冬季旅游项目。

资料来源：调研组实地调研。

三 吉林省推进森林小镇建设面临的现实困境与策略选择

（一）破解缺少总体规划，起步资金来源渠道单一的现实难题

调研组同志在与各林场负责同志的交流谈话当中了解到，各个林场普遍存在资金来源渠道单一这一问题。2011年开始的国有林场改革明确了国有林场以保护培育森林为主的职责，吉林省政府出台的《吉林省国有林场改革实施方案》使各个林场失去了伐树贩树的主要收入来源，但是一些林场并未找寻到其他获取收入的方式，由此导致各个国有林场收入锐减，缺乏足够的资金进行旅游等项目开发的前期投入资金，由于林场资金匮乏，部分林场甚至出现了"等、靠、要"现象，希望森林小镇能够由省林业厅或国家林业总局负责资金、项目规划，并且能够协助建设，缺乏依靠自身进行发展理念，过分地依赖政府的投入。森林小镇离不开森林，应该要在森林上面做文章，做出森林的特色，应该在现有基础上面建设，忌大拆大建，因此建设森林小镇规划设计要先行，利用好相关的资源，做好总的规划，再开展下一步的招商引资及宣传和推介。但通过三个林场的走访，调研组发现，除了蛟河林业实验区管理局制定了短期规划，剩下的黄松蒲林场和辉南森林经营局都缺乏相应的规划。

为此建议，立足吉林作为东北大森林主要组成部分的天然优势，

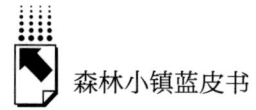

高起点、高标准、高要求、高水准编制森林小镇建设的中长期总体发展战略规划，注重森林小镇发展规划与省市经济社会发展总体规划及各专项规划的配套，同时注重规划的前瞻性，努力实现"一张蓝图绘到底"。在此基础上，积极推动森林小镇落地建设，首要的是破解以启动资金为代表的资金来源问题，可以考虑一部分具有重要公益功能、历史文化功能的由国家和地方财政首先予以支持。除此之外，更多借助市场力量和社会资本解决。可以采取PPP模式，也可以与国有林场改革后林场职工分流结合起来，鼓励出资创业，形成"众人拾柴火焰高"的发展态势。

（二）破解林地整合出现困难，与现有法规发生冲突的现实难题

在黄松蒲林场的走访中，调研组发现，虽然该林场有着完全符合建造"森林小镇"的条件，但是也存在诸多问题与困难。首先，林场占地属于林业用地，若进行"森林小镇"建设，势必会引起林业用地与建设用地之间的土地划拨、调整。土地划拨本身存在很大困难，且经调整的土地需要缴纳一笔土地出让金。因此无形中给林场的"森林小镇"建设带来了很大困难。其次，林场房屋建设不统一，若建造"森林小镇"，需对现有房屋进行改造，需要给予房屋改造以及道路、公共卫生间等基础设施建设方面的政策资金支持。最后，为促进林场相关产业的发展，是否可以在融资、贷款方面给出较大的优惠政策，以助推"森林小镇"的建设。现有的部分法律法规颁布时间较长，已经不能够适应现有的发展状况。这一部分法律法规的存在，严重限制了各个林场的发展。在后续的森林小镇建设中，若受到相关法律法规的限制，不但会极大地打击地方政府建设森林小镇的热情，同时也会阻碍森林小镇的建设进度。

为此建议，林场及林业部门可以主动梳理现有政策法规，形成初

步建议方案,邀请相关专家论证,形成系统性报告递交国家法制建设主管部门。重点是解决好土地利用性质与使用权限的匹配问题,可以尝试在推进国有林场改革转型中率先试点。

(三)破解缺少对外推介平台,外界关注度不够的现实难题

森林小镇建设是一个新生事物,对外扩大宣传对小镇的发展有着至关重要的作用。在对蛟河林业实验区管理局的走访中,调研组了解到,虽然已有一些项目落成,但由于缺乏与外界的沟通渠道,其产生的旅游带动经济发展效应并不大。在其他两个林场的走访中,相关负责领导也都谈到了这个问题,按照生态保护的原则、宜住宜居来推进建设,在生态环境、基础设施等建设上一个台阶的基础之上,急需一个推介平台,把小镇特色推介出去,并且,想要获得发展,还是需要一个对外的投资平台,需要有投资人来对接合作。

为此建议,吉林应充分利用互联网平台技术,突破原有传统地域限制和认知限制。通过全方位宣介森林小镇的区域特色、差异化产品与服务体验,在细分市场中赢得特定偏好专属顾客的青睐,进而努力通过游客自媒体的传播效应形成更大的影响力,实现更高知名度和美誉度,吸引更多人来森林小镇体验。

结　语

吉林省有着丰富的林业资源,具备"资源、文化、区位和环境"四大优势,在国有林场改革的背景下,以"森林+"的方式,依托大林区、大林业、大资源的优势,努力形成林业的三次产业融合,走出一条可持续发展的创新之路。这一探索实践为类似丰富森林资源地区的小镇建设发展提供重要参考。

B.7
西南边境革命老区的森林小镇建设*
——广西壮族自治区的调查

摘　要： 为探究森林资源丰富但林场改革相对较晚地区的森林小镇建设情况，调研组对广西壮族自治区进行实地调研，重点考察了金田林场、六万林场和高峰林场。调研组认为，广西林场发展历史悠久，森林资源总量大、丰富度高，林场经济结构合理，收益良好，拥有建设森林小镇的突出资源优势和建设基础。在此背景下，广西国有林场主动探索实践，创新发展模式，经过各林场不懈努力，森林小镇雏形已经基本清晰且颇具亮点，集中表现为小镇建设规划完善、目标定位高远，创新功能区定位、打造小镇特色文化，采取多种措施保障小镇建设顺利进行。下一步，广西应在积极推进森林小镇建设中重点做好三项工作：一是进一步结合国有林场改革，做好林场内各项工作；二是进一步拓

---

* 联合调研组：王景新，发展中国论坛副主席、课题学术委员会委员、浙江大学土地与国家发展研究院教授；倪建伟，调研组组长、发展中国论坛学术委员会委员、浙江财经大学教授、博士；欧国平，国家林业局场圃总站国有林场发展处处长；刘鹏，国家林业局场圃总站国有林场发展处干部；蒋桂雄，广西林业厅副巡视员；丁允辉，广西林业厅国有林场管理处处长；陈广财，广西林业厅国有林场管理处；支晓娟，河海大学公共管理学院副教授、博士；宋彩虹，中国市场经济研究会学术委员会副主任；周朝伟，浙江财经大学研究助理；金盈盈，河海大学研究助理；郑菲，河海大学研究助理。本报告执笔：倪建伟、周朝伟。
感谢国家林业局杨圃总站、广西壮族自治区林业厅及桂平市（金田林场）、六万林场、高峰林场对"全国'森林小镇'评价体系与发展指数研究"调研组的大力支持！

宽小镇功能，将现实需求与战略储备相结合；三是进一步提炼小镇特色、打造品牌，形成品牌效应。

关键词： 森林小镇　国有林场　边境地区　广西

习近平总书记在党的十九大报告中指出，要加快生态文明体制改革，建设美丽中国。我们要建设的现代化是人与自然和谐共生的现代化，既要创造更多物质财富和精神财富以满足人民日益增长的美好生活需要，也要提供更多优质生态产品以满足人民日益增长的优美生态环境需要。因此，必须坚持节约优先、保护优先、自然恢复为主的方针，形成节约资源和保护环境的空间格局、产业结构、生产方式、生活方式，还自然以宁静、和谐、美丽。

广西壮族自治区是我国南方森林资源丰富的省域，国有林场众多，基础设施完善，但林场改革起步相对较晚，其森林特色小镇建设有着什样的典型做法与经验，对后续林场改革和发展具有重要意义。为此，2017年10月17～20日，由发展中国论坛、国家行政学院新型城镇化研究中心联合组建的"全国'森林小镇'评价体系与发展指数研究"调研组在国家林业局场圃总站的帮助下，对广西金田林场、六万林场和高峰林场进行了实地调研，召开座谈会3次，广西林业厅及相关市县政府和林场负责人参加会议，本报告是在上述基础上形成的。

表7-1　2017年10月广西森林特色小镇调研样本

所在区域	林场名称	森林特色小镇名称
桂平市	金田林场	兰花森林特色小镇
玉林市	六万林场	六万大山森林特色小镇
南宁市	高峰林场	高峰森林特色小镇

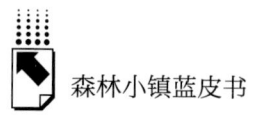
森林小镇蓝皮书

一 夯实发展基础——广西国有林场拥有森林特色小镇建设资源

林场建设资源是否充足以及经济结构是否稳定对于"森林特色小镇"创建至关重要。广西国有林场森林资源总量大、丰富度高，林场经济结构合理，收益良好，拥有建设森林小镇的突出资源优势和建设基础。

1. 林场历史悠久，发展基础夯实

广西国有林场有着光荣而悠久的历史，许多林场都已经成立超过半个世纪。在这几十年中，通过"林场人"的不懈努力，广西国有林场取得了长足的发展。广西林业占地约1252.5万公顷，是我国南方关键林区之一。广西林业一直以营林为基础，积极展开人工林场造林、传播造林植树及封山育林等工作，取得了林业建设的长足进步：全省以森林资源作为原料的企业多达14000家，林业总产值约为527亿元，国有林场约为153家，有72个自然保护区、26个国家级森林公园、34个著名风景名胜区以及6个国家级地质公园。以林业为核心的产业链也已经形成多种形式，产业模式稳定而富有成效。此次调研的三个林场森林储量大，林业经济基础和规模良好。

（1）六万林场。始建于1951年，是自治区林业厅直属国有林场，全场现有经营面积44.5万亩，其中场内经营面积22.9万亩，地跨兴业、博白、浦北三县和福绵区。林场下设东山分场、高岭分场、河嵩分场等9个营林分场，全场森林活立木蓄量208.6万立方米。2016年，林场资产总额17.0亿元，实现总产值12.5亿元。目前，六万林场现有职工1422人，其中在职职工665人，离退休职工757人，建场60多年以来，先后荣获"全国林业模范单位"、"全国国营林场500强"、"全国国营林场100佳单位"、"全区优秀林场"、"广西森林经营示范林场"等荣誉称号。

（2）金田林场。广西壮族自治区桂平市林业局管辖的国有林场，现有经营面积30万亩，其中森林面积28.8万亩，地跨武宣、贵港二市县。目前，林场现有职工1150人，其中在职职工491人，离退休职工659人。2016年，林场资产总额7.05亿元，实现总产值3.81亿元，经营收入1.66亿元，营业利润2000.12万元。建场60多年来，先后荣获"全国国营林场500强""全国国营林场100佳单位""广西森林经营示范林场""广西现代林业产业龙头企业""全国十佳林场"等荣誉称号。

（3）高峰林场。创建于1953年，林场位于广西首府南宁市兴宁区，是广西规模最大的国有林场，森林经营面积超过140万亩，森林蓄积量超过530万立方米。每年造林约10万亩，造林范围覆盖广西12个市、55个县（市、区），森林覆盖率达到85.5%，生产木材50多万立方米。第二产业以人造板生产销售为主，年产能达90万立方米，每年生产人造板近80万立方米，生产的"高林"牌人造板连续多年被评为"著名商标""名牌产品"。林场内设机构和下属单位60多个，拥有职工4100人。2016年，林场实现总收入14亿元，总资产超过44亿元。林场先后被评为全国首批十佳林场、农业产业化国家重点龙头企业、首批国家林业重点龙头企业以及国家储备林示范林场。

2. 林场树种丰富，用材资源储量大

广西地处祖国南疆，属北热带、亚热带季风气候区，气候温暖、热量丰富、雨量充沛、雨热同季，非常适宜林木生长。适宜的气候造就了广西林种的丰富性。林区主要树种有以下几类。

（1）杉木。广西全区现有杉木用材林面积为124.42万公顷，蓄积1.00亿立方米。杉木以广西北部、西北部、中部大瑶山为主要中心产区。

（2）松类。广西松树类主要树种为马尾松、国外松及云南松。

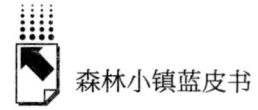

全区现有马尾松用材林面积为110.02万公顷，蓄积6403.62万立方米；国外松12.96万公顷，蓄积437.96万立方米；云南松用材林面积0.48万公顷，蓄积7.26万立方米。马尾松广泛分布在砂页岩、花岗岩山地；国外松在广西各县（区）均有分布；云南松主要分布在西部云贵高原边缘的乐业、天峨、西林、隆林等县。

（3）桉类。广西适合种植桉树的范围较广，各地市均有分布。全区现有桉树用材林面积161.38万公顷，蓄积5841.65万立方米。桉树品种很多，主要有尾叶桉及其杂交种、邓恩桉、柳隆桉、大叶桉、窿缘桉、柠檬桉、细叶桉、柳桉等。尾叶桉及其杂交种已成为速生丰产工业原料林的主要树种之一。

（4）竹类。广西竹类主要分为鞭生竹、丛生竹两大类。鞭生竹以毛竹为主，主要分布在中亚热带桂林、柳州北部、河池市东北部及贺州市东北部。丛生竹喜欢湿热的环境，主要分布在桂南及桂西石山地区。全区现有毛竹用材林面积8.16万公顷，丛生竹用材林面积12.48万公顷。

（5）珍贵用材树种。广西珍贵树种资源丰富，其中适宜广泛人工栽培的达100多种，主要有可供军工、造船用的柚木、铁力木、格木、红锥等；供制乐器特种工艺用的檀香、小叶红豆、苏木等；供制特殊器材、高级家具用的枧木、金丝李、坡垒、桃花心木、降香黄檀等。全区现有珍贵树种用材林面积2.88万公顷，蓄积132.02万立方米，全区均有分布。

我国是世界上人工林面积最大的国家，广西是我国人工林面积和速丰林面积最大的省区，用材储备量巨大，人工林面积达833.3万公顷，约占全国的1/7，是南方重点集体林区之一，也是重点速丰林基地省（区）之一。在国家林业建设总体布局中，广西被列为维护生态安全和木材安全的重点战略区域。2001年实施森林分类经营以来，广西充分发挥优势，大力发展速生丰产短轮伐期工业原料林基地建设，实现了用材林资源总量、木材供应量双增长，为其他产业发展奠定了坚实基础。

3. 实行多种经营，林场效益得到提升

《国有林场改革方案》中指出，"要推动林业发展模式由木材生产为主转变为生态修复和建设为主、由利用森林获取经济利益为主转变为保护森林，提供生态服务为主"。这就要求林场调整产业结构，大力发展第三产业，加快产业转型，实现多种经营模式，做到三次产业融合发展。此次调研的三个林场虽然目前主要还是以速丰林以及板材加工等第一、第二产业为主，但通过积极探索已经基本形成了产业融合发展的势头，实现了多种经营模式。森林特色小镇作为产业融合的新思路，其对整个林场的产业转型具有重要的示范和借鉴作用。

（1）兰花森林特色小镇。规划以风情兰园为基础，结合兰花的地区差异，营造不同风情景观来发展旅游观光业。同时以兰花盆景种植为基础打造花卉产业链，通过网络平台的构建，提高产业规模和效益，围绕兰花产业本身，落实政策、资金、人才、研发、配套、环境等方面的措施，形成助推兰花产业发展的整体产业生态圈。

（2）高峰森林特色小镇。开发出以林业科技示范园、森林木艺以及森林花卉为主的产业体系，与原有木材加工产业实现有机结合。

（3）六万大山森林特色小镇。在多种经营方面是比较突出的。除了传统的木材采伐和板材加工，小镇充分利用六万大山丰富的八角产量这一优势，以八角林产业为核心（见专栏7-1），加快发展。八角种植示范区规划总面积18600亩，其中核心面积3600亩，拓展区面积5000亩，辐射区面积10000亩。为开发利用场内丰富的八角资源，促进科技成果转化，提高林业经济效益，林场与广西壮族自治区林业科学研究院协定八角深加工合作框架协议，计划八角深加工项目年深加工八角干果3万吨，生产莽草酸1200吨，副产茴香、八角粉等，年产值达10亿元，利税1亿元以上。八角深加工项目提高了八角附加值，优化八角产业结构。与此同时，林场还开发出了林下中草药种植、中草药深加工、"六万山泉"优质水加工等一系列森林康养产业，更加丰富了林区的多产业经营模式，提升了经济效益和资源利用率。

专栏 7-1

广西八角产业发展

广西是全国最大的八角生产和集散地，其中六万大山是广西最重要的八角产地，素有"世界八角看中国，中国八角看广西，广西八角看六万大山"的说法。八角是六万林场最主要的经济树种，而小镇内的八角产业核心示范区充分发挥示范带头作用，在八角种植管护、优良品种选育、有害生物防控、测土配方施肥、低产林改造等方面具有较成熟的经验。

建设现代八角产业核心示范区，是六万林场转变经济发展方式的重要抓手，重点围绕"经营组织化、装备设施化、要素集成化、生产标准化、特色产业化"的五化要求创建示范区。通过示范区的创建，为当地八角产业的发展注入新的动力，逐步形成新的八角产业化发展模式，扩大市场，带动销售，延伸八角产业链，通过产品技术创新，创立地方特色品牌，培育支柱产业，在增加农民收入，实现脱贫致富和改善民生及促进地方经济发展等方面发挥了重要作用。

资料来源：调研组实地调研。

二 主动探索实践——广西国有林场初具森林特色小镇建设雏形

由于森林小镇近年来刚刚兴起，没有很完备的模式可以参照，因此在建设过程中，需要"摸着石头过河"。广西国有林场主动探索实践，创新发展模式，积极推进森林小镇建设。现阶段，经过各林场不懈努力，小镇雏形已经基本清晰，且颇具亮点。

1. 小镇建设规划完善，目标定位高远

规划对于森林特色小镇的建设有着至关重要的作用，概念性规划决定着未来小镇的发展方向和前景。而长远、合理的小镇定位能够明确小镇的发展内容，突出小镇发展重点，从而形成自身特色。此次调研的三个镇都已经制订了明确的概念性规划，同时结合以旅游为中心的定位选择，兼备效益性和可持续性。此外，规划还契合了未来小镇发展趋势，可谓定位高远，这为后续小镇建设工作的开展奠定了基础。

（1）金田林场兰花森林特色小镇。规划形成"一湾一基地"的功能框架结构，以林下兰花产业为主，形成"以兰花为基础、以花旅融合为特色、以兰花森林小镇为载体、以网络嫁接为提升，以花卉森林生态为目标"的产业发展思路。同时做大林业传统产业，林旅相融，多产业融合。小镇还将建立林下兰花种植基地，围绕兰花进行旅游开发项目建设，形成兰花特色漫游体验区。作为森林康养度假中心的核心项目，金田兰湾的规划是重中之重，度假中心规划建设乐养山庄、湖湾兰苑以及乐活林家等，充分将森林康养与森林旅游相结合。

（2）六万大山森林特色小镇。从自身资源禀赋、产业状况等实际出发，规划形成"一链四珠"，即香海生态观光带和四个功能组团。其中，香海生态观光带主要是依托"中国香海"为森林特色小镇核心品牌形象，由小镇北面的康养社区组团至西南面香海药谷组团，打造"闻香迎宾—品香乐活—浸香游憩—探香寻幽"的香海主题游览，引导游客在六万林海中进行体验。康养社区组团重点针对原有河嵩分场场部进行改造，打造出为游客提供旅游集散、交通换乘、休闲住宿、养生度假等旅游综合服务，规划建立森林服务中心、颐养学院、森林养生苑、森林康养文化园、碧莲湖等。知青人家组团则重点对原茶山分场场部进行改造，重新进行功能区划分，融入住宿、餐饮等旅游服务功能，突出六万林场知青文化。主要规划建设知青旅舍、知青人家、知青主题餐厅、党性教育体验馆、桃花林等项目。星空营地组团则是森林山地运动休闲区域，主要项目由山地骑行、森林康养步道、香海星空露营地等组成。最后，香海药谷组团则是在林场全力推进八角林下种植基地的基础上，打造出的以中医药健康为主题的科普观光区域。主要项目包括香海文化体验馆、林下经济示范带、香海药谷、药王山庄等。

（3）高峰森林特色小镇。规划形成"三点、一镇、一园、三区"的小镇布局，其中"三点"为东升分场、那茶林站、界牌分场。东升分场主要以现有的东升分场建筑群为基础，以"森林康养"为主题，通过对现有建筑的改造，融入壮族特色，打造集森林度假、滨水娱乐等多功能森林小镇。主要建设项目包括东升人家、森林康养苑、滨水康养木屋、森林健康馆等项目。那茶林站则依托良好的自然景观，围绕"山水"主题展开，结合广场、水系、绿地等景观要素，营造丰富有趣的林场人居环境特色空间。主要建设项目包括森林民宿群、那茶绿湖、生态露营地等项目。界牌分场有高峰林场界牌柠檬鸭总店，规划以"柠檬鸭美食为代表的森林美食"为主题特色，建设界牌森林食品体验中心、界牌林下经济产品展示廊、高峰林场历史文化展览馆等项目。同时，小镇结合各区功能特色，规划建立森林运动区、森林体验区、森林康养区三大核心区。森林运动区主要包括灰木莲中越友谊步道、高峰花谷、丛林探险基地、高峰河湿地、极限运动基地等项目。森林体验区主要结合森林自然景观，以"修身养性"为主题，包括红锥林景观带、中草药植物园、那茶绿湖等项目。森林康养区以构建森林康养、森林度假、森林休闲为特色。包括葫芦生态休闲谷、峡谷步道、溯溪绿廊、竹林河谷、森林艺术品展示园等项目。

2. 创新功能区定位,打造小镇特色文化

(1) 新颖的小镇功能区划分。近年来,由于物质生活水平的提高,越来越多的人在闲暇时间选择出去旅游。广西旅游资源丰富,因此吸引大量游客,旅游业蓬勃发展。同时,人们越来越重视健康与养生,而森林由于其独特的环境优势而成为人们休闲养生的去处,森林旅游渐渐兴起。2016年5月,国家林业局正式发布《林业发展"十三五"规划》。规划提出"要大力推进森林体验和康养,发展集旅游、医疗、康养、教育、文化、扶贫于一体的林业综合服务业,强调重点发展森林旅游休闲康养产品"。森林特色小镇必须充分利用森林资源的优势,科学合理地打造自身功能定位。此次调研的几个林场纷纷提出了以森林康养、森林旅游功能为主的小镇特色功能定位。

表7-2 2012~2016年广西旅游接待人数和旅游收入

年份	2012年	2013年	2014年	2015年	2016年
旅游总收入(亿元)	1659.72	2057.14	2602.00	3252.00	4191.36
旅游总人数(亿人次)	2.11	2.47	2.9	3.3	4.09

金田兰花特色小镇以舒适的森林环境和丰富的大藤峡旅游资源为基础,提出特色养生度假、森林观光旅游、休闲文化体验、山地康体健身以及餐饮购物娱乐五大功能定位。充分围绕兰花这一特色主题,深度挖掘兰花系列康养食品、兰花艺术作品、手工艺品等,开发养生美食尝、兰花文化特色购物体验系列旅游产品,丰富小镇旅游产品类型。

高峰森林特色小镇则充分利用原有分场场部存量建筑,形成了以极限运动挑战基地、森林健康步道、山地自行车等项目为主的森林运动区;以森林保健树木园、生态露营地为特色的森林体验区;涵盖了东升登高览胜、森林木艺术品展示园、葫芦岛生态休闲等项目的森林康养区这三个主功能区。

六万大山森林特色小镇则以自身丰富的中药材为依托，紧扣中医药康养，提出了"精准康养"，即主推效果显著的、针对人体特定方面的调养，同时建立明确的功能性指标，对康养效果进行直观的反馈。这种摆脱"大一统"而追求"小而精"的精细化功能定位是值得推广和借鉴的，有利于解决目前在森林小镇建设过程中出现的千篇一律的现象，从而促进小镇多样化发展。

（2）丰富的特色小镇文化。"森林特色小镇"绝不是一座空壳，而是"有血有肉"，有文化底蕴。因此，对于文化底蕴的挖掘是非常重要的。这种文化是多种多样的，它可以是物质形态的，包括古遗迹、古建筑等，也可以是精神层面的，一种思想或是一种精神的体现。

充分联系历史人物与历史背景，以当地历史文化为依托，形成自身独特的文化内涵。六万大山森林特色小镇以20世纪50年代中期中国知青上山下乡运动为背景，整理挖掘出了知青文化，从物质、社会行为以及精神等方面进行了介绍。同时以爱国名将李宗仁屯兵六万大山史实为基础，整理资料，建立了李宗仁展馆（见专栏7-2）。兰花森林特色小镇规划充分利用大藤峡文化资源，以毛泽东亲笔题字"大藤峡"石刻、太平天国金田起义以及著名的明代大藤峡瑶民起义为出发点，进行小镇文化建设。高峰森林特色小镇则充分联系历史背景，发展出见证中越友谊文化的灰木莲种植区以及以南宁作为联系纽带的中国-东盟文化。同时结合1939年的中日昆仑关之战，昆仑关战役为抗日战争的大型战役之一，昆仑关战役多个战役点都位于高峰林场，界牌分场的高峰坳就是其中之一，从而挖掘出高峰特色红色文化。小镇通过给予游客优质的文化体验，从而形成良好的小镇文化氛围，推动小镇的良性发展。

专栏7-2

李宗仁屯兵文化

李宗仁，桂林市临桂人，中国国民革命军陆军一级上将，中国国民党内"桂系"首领,曾任中华民国首任副总统、代总统。他是北伐战争中有着重要影响的一位人物,北伐前致力两广统一,奠定北伐的基础,促成北伐。

1920年,第一次粤桂战争爆发,最终桂军失败。时李宗仁为桂军林虎部的一个营长,桂军败退后,李分防到六万大山所环抱的兴业县城隍圩驻扎。

1921年,第二次粤桂战争复起,桂军再次战败,随后李宗仁率兵再次避入六万大山。这是李宗仁脱离老桂系,独树一帜的转折点。六万大山因此而成为新桂系崛起的主要发源地。

经收集长期以来流传于兴业乡中父老所传,参考李宗仁的回忆录及有关文史资料,依实整理,李宗仁以及所部在六万大山驻军并留下了许多逸闻趣事。时至今日,在六万林场河嵩分场场部后背山上,还保留有李宗仁屯兵时防御用的战壕、碉堡以及作为应急隐蔽所的土山洞。建有李宗仁展馆,从故乡家世、李宗仁与六万大山、挥师北伐、御敌抗战、代总统李宗仁、回归祖国、晚年生活等七大主题全面讲述了李宗仁的曲折爱国人生。

资料来源:调研组实地调研。

合理结合当地特色,开发出了饮食、特产文化。人们去森林小镇,除了了解一下风土人情,参观特色建筑,感受大自然的魅力,品尝当地特色小吃也是必不可少的,回来的时候还会带上一堆当地的特产。不同的地方会有不同的特色小吃和特产,这是地方旅游资源重要的组成部分,要将这些饮食和特产文化挖掘出来,加大宣传,形成自己独具特色的饮食文化、特产文化。完善经营模式,逐渐扩大规模,加快形成完整的产业链,使之成为小镇的新标签、新旗帜,慕名而来的游客就会越来越多,文化效应也就越来越显著。

高峰森林特色小镇的柠檬鸭美食文化就很好地体现了这一点。

柠檬鸭是广西南宁最具代表性的美食特色，其发源于高峰林场的界牌分场，最初出现在20世纪80年代，因为界牌分场位于南宁至武鸣公路旁，常年做来往司机的生意，经过发展，从一间茅草屋发展成为在南宁有十一家分店的特色美食，成为南宁名菜。作为美食的发源地，高峰界牌的柠檬鸭总店仍然是食客们向往品牌柠檬鸭的最佳选择。

其他两个小镇也都以林产品、家禽、牲畜为出发点，打造特色林间美食，其中六万林场将娃娃鱼养殖和观赏餐饮相结合，建立了示范基地（见专栏7-3）。林间散养家禽、牲畜肉质鲜美，森林蔬菜新鲜健康，吸引着越来越多的游客来此游玩。此外，中草药养生药膳以及木耳、香菇等食用菌栽培也都可以成为饮食和特产文化的基础。这种由美食带动旅游业发展的模式，成为小镇发展的新路径。民以食为天，特色饮食文化在小镇发展中正扮演着越来越重要的角色。

专栏7-3

娃娃鱼生态繁养殖、观赏餐饮示范基地

广西胡氏生态农业大鲵养殖基地是集养殖（养殖娃娃鱼）、餐饮、观光于一体的示范基地，该基地坐落于六万大山森林公园内。这里常年绿树成荫、水质优良，是繁殖、养殖娃娃鱼的最佳地点。大鲵养殖基地现已建成绿荫道路、桥梁、室内繁殖房、养殖房、卫生间、住房等设施，其中有室外林下养殖一个、木凉亭餐厅一个、戏水池一个、木楼一幢。

该示范基地目前已经建设完成规划的90%以上。2017年胡氏生态农业大鲵养殖基地带动了周边30多户农户进行林下养殖娃娃鱼，同期比上年增加收入达60%以上。基地大鲵主要销往广东、南宁以及周边县市，基地餐厅也销售一部分，年产值达200万元以上，林下生态养殖的大鲵产品质量好、效益好。

资料来源：调研组实地调研。

3. 采取多种措施，保障小镇建设顺利进行

（1）多层面的政策支持。广西壮族自治区及各级地方政府对"森林特色小镇"高度重视，纷纷出台了相关政策，鼓励和推进森林小镇的建设工作。在自治区层面，《广西林业发展"十三五"规划》中明确指出，"要积极创建森林旅游示范市（区、县、村）、5A级和4A级森林景观、生态旅游教育基地、森林健康养生基地、森林人家等各类森林旅游项目"。《推进广西森林旅游发展合作协议》、《加快林业与旅游产业融合发展实施方案》等也强调要充分发挥森林资源优势，发展生态经济，加快林业产业与旅游产业的融合发展。推动、支持、扶持森林旅游快速、健康发展。同时，在林场层面，各林场也出台了相应的《森林旅游开发规划》来指导规划建设。对于森林旅游发展重要试点的"森林特色小镇"，这些相关支持政策给小镇建设带来了强有力的政策保障，使小镇建设工作能够有效地进行推进。

（2）多渠道的资金筹集。项目建设离不开资金的支持，面对项目资金问题，几个林场纷纷开辟新路径，多渠道筹集项目资金。多渠道争取政府及主管部门的资金支持，不仅可以尽快改善旅游基础设施现状，还可以吸引其他投资，增加投资者信心。林场根据国家有关部门出台的适用于支持森林特色小镇建设项目的林业生态保护、森林康养及生态旅游开发建设的贷款资金支持政策，申请政策性贷款支持，实施旅游畅通工程，改造提升公路等级，完善小镇的供电、供水、通信、标识等基础设施建设，从而增强项目的可进入性和接待服务能力。另外，小镇还规划引进社会资金开发，森林康养旅游业作为一个新兴的朝阳产业，其巨大的发展潜力对社会资金具有很大的吸引力。加大招商引资力度，引导和鼓励社会资本和民间力量，筛选一批重点

旅游项目，纳入招商引资和 PPP 项目库，通过 PPP 等投融资方式或者采用 EPC 工程总承包方式参与森林特色小镇建设，调动各类投资主体多元化、投入项目的多元化和资金来源渠道的多元化，从而保证森林小镇建设资金的充足。

（3）积极推进法规建设。为了使小镇运营实现可持续发展，相应的法律法规是必不可少的。除了遵守国家、自治区、市及相关部门制定的法律、法规、制度、条例。各林场还根据规划区的实际情况，制定了与本规划区发展相适应的规章制度，建立自治区、市和规划区相结合的三级旅游执法管理网络，从而更好地对小镇内方方面面进行管理。同时，小镇还面向社会、游客、旅游从业人员进行法制宣传，提高他们的法律意识，以减少规划区内违法乱纪现象的发生，进而提高小镇内人员的整体素质水平，树立良好的小镇形象。

三 借力改革东风——广西国有林场建设森林特色小镇大有可为

国有林场改革，既带来了机遇，也带来了挑战。各林场在调整产业结构、积极推进森林小镇建设的同时，也要处理好林场在改革过程中出现的各方面问题和矛盾。此外，林场还应该一边实践一边总结，积极探索小镇发展的新模式和新方向，拓展小镇功能，提升小镇影响力。

1. 进一步结合国有林场改革，做好林场内各项工作

（1）做好林场职工安置和再就业工作。由于国有林场改革中，有些林场存在需要减少编制的情况，因此带来了下岗员工筛选与下岗员工再就业的问题。为此，林场需要科学合理地筛选下岗员工，并公开、透明地选择条件和过程，最大限度地减少职工争议，保证减编工

作顺利进行。同时，要做好下岗职工的转业安置工作，林场可以通过森林小镇等旅游项目的建设和运营或是林区其他产业的发展带动来创造就业岗位，吸纳部分下岗职工，这样不但解决了再就业问题，而且实现了原地再就业，大家还是在林场工作，这样更容易被接受。对于那些不能在林场继续工作的，林场也要提供完善的就业培训，提高他们的就业能力，积极帮他们寻找新出路。

（2）盘活存量建筑，充分利用现有林场资源。随着国有林场改革的推进，一方面，地方土地政策或是一些其他规划原因，导致森林小镇建设用地审批出现困难，从而影响到森林小镇的建设进程；另一方面，林场场部存在大量闲置建筑，以旧时场部遗址为主，由于长时间不使用而废弃。因此，对于小镇建设，完全可以充分利用这部分存量建筑，在原有建筑的基础上进行整修和翻新，成为森林特色小镇的一部分。这种对原有废弃建筑的再次利用，既减少了对周边森林环境的破坏程度，又能解决部分小镇建设中出现的土地问题，可谓一举两得。当然，要完全解决土地问题，还需要做到林业的生产管护用法规范化，合理地利用土地资源。同时政府相关部门可以进行单独调配，给予特殊的优惠政策，便于小镇公共服务设施的建设。

图 7-1　林场存量建筑实景

2. 进一步拓宽小镇功能，将现实需求与战略储备相结合

目前，森林特色小镇主要还是以旅游、康养为主，更多满足的是享受型的消费需求，这是一种现实需求。但森林小镇的功能不应该仅限于此。比如，从长远角度来看，它还可以作为战略储备基地来建设。广西是国家木材战略储备基地之一，而在此基础上建立的森林特色小镇除了能够实现木材和粮食的战略储备，还可以成为特定应急情况下的城市人群疏散地，从而发挥疏解功能，提高疏解效率，保障人民的生命安全。

3. 进一步提炼小镇特色，打造品牌，形成品牌效应

"森林特色小镇"重点在于"特色"两字，小镇建设要结合实际情况，突出自身特色。在深入挖掘小镇特色的同时，还需进行凝练特色，形成规模，打造自身品牌，带来品牌效应。此次调研的六万大山就是以林区八角林为基础，以八角功效为特色来进行重点建设。通过打造一系列的主题游览和体验，以及开发特产、手工艺制品等，环环相扣，树立以"中国香海"为森林特色小镇的核心品牌形象。品牌形象的树立，不但能带动相关产品的热销，更能带动小镇甚至整个林区的发展。要想打造优质的品牌，除了需要对相关产品质量提出更高的要求，还要加深品牌的开发力度，打造完整的系列产品。当然，适当的品牌宣传也是必不可少的，除了传统的广告宣传模式，还可以充分利用互联网，创立"互联网+森林小镇"模式，提供网络购票、预订等多方面快捷服务，从而提高游客的体验品质，树立良好的品牌形象。

结　语

广西国有林场森林资源丰富，环境优越，林产业发达，具有良好的自然、经济基础。在长时期的发展过程中，林场相应的特色文化也

已经逐步形成，具备一定的文化底蕴。因此，发展"森林特色小镇"是具备良好基础的，是潜力巨大的。同时，广西各级政府以及各个林场对于发展森林小镇具有很高的积极性，已开展了大量建设工作，并取得一定的成效。

调研组认为，广西作为我国南方主要森林资源地区，将是国内"森林小镇"建设的重点区域，如果能进一步明确定位，凝练特色，加快探索，将为其他地区"森林小镇"建设提供借鉴。

典型案例

Typical Cases

案例展示引言

为践行"绿水青山就是金山银山"的发展理念,集中展示我国森林小镇创建的阶段性成果,形成可复制、可推广的经验,推动新时代中国特色森林小镇建设和"乡村振兴战略"健康发展。由全国"森林小镇"评价体系及发展指数研究课题组、第三届北京国际新型城镇化产业博览会暨"一带一路"项目合作峰会组委会联合组织的"征集全国最美森林小镇100例"工作,自2017年9月启动以来,广东、四川、山东、山西等地积极参与,共收到各地推荐"森林小镇"43个。经过认真评选并通过互联网平台逐一公示,梅沙生态旅游型"森林小镇"等19个森林小镇脱颖而出,入选第一批(2018)"全国最美森林小镇100例",本书精选8个森林小镇作分享。

"全国最美森林小镇100例"第一批(2018)名单(共19个)如下:

1 深圳盐田:梅沙生态旅游型森林小镇

2 四川巴中:空山生态旅游型森林小镇

3 四川巴中:光雾山生态旅游型森林小镇

4 四川乐山:芭沟生态旅游型森林小镇

5 四川资阳:龙台生态旅游型森林小镇

6 广东广州:派潭生态旅游型森林小镇

7 四川攀枝花:平地生态康养型森林小镇
8 四川眉山:瓦屋山森林康养型森林小镇
9 四川眉山:南城生态旅游型森林小镇
10 广东江门:大田生态旅游型森林小镇
11 广东江门:那吉生态旅游型森林小镇
12 四川雅安:紫石森林康养型森林小镇
13 四川雅安:碧峰峡生态旅游型森林小镇
14 四川广元:剑门关生态旅游型森林小镇
15 四川广元:曾家生态旅游型森林小镇
16 四川广元:白朝生态康养型森林小镇
17 山东德州:德百生态旅游型森林小镇
18 山西晋城:横河养生慢享型森林小镇
19 四川广元:天曌山森林康养型森林小镇

B.8
深圳盐田：梅沙
生态旅游型森林小镇

【推荐语】

梅沙森林小镇（梅沙街道）自然禀赋优越，森林资源丰富，自然生态良好，山海景观鲜明，旅游设施齐全，辖区内有东部华侨城、大梅沙海滨公园、小梅沙海洋世界、小梅沙度假村等旅游景点和水上运动中心、国际大梅沙湾游艇会，以及茵特拉根、京基喜来登、京基海湾等酒店及旅游配套设施，是深圳市、广东省乃至全国独具森林与海滨特色的旅游及休闲胜地。

深圳市盐田区人民政府

梅沙街道森林小镇规划定位是集资源保育、森林康养、旅游观光、休闲购物、科普教育等多功能于一体的深圳市独具海滨特色的生态旅游型森林小镇。

梅沙街道辖区总面积18.19平方公里，其中森林总面积1273.2公顷，林地面积1166.34公顷，森林覆盖率69.98%，全域均为建成区，绿地资源丰富质优，现有绿地总面积1351.05公顷，绿地率达74.26%，绿化覆盖率68.15%，人均公园绿地面积118.55平方米。辖区内公园有包括大梅沙海滨公园和东部华侨城在内的4个专类公园，东海岸社区公园等在内的11个社区公园，1个自然公园，共16个，公园总面积1173.02公顷。街道内有愿望湖、上坪水库和叠翠湖，湿地总面积76.27公顷。

深圳盐田：梅沙生态旅游型森林小镇

图8-1　梅沙街道实景（一）

梅沙街道旅游资源丰富，旅游配套设施完善。主要景点有东部华侨城、大梅沙海滨公园、小梅沙海洋世界等知名景观景点以及茵特拉根、京基喜来登等各类旅游配套设施，其中"梅沙踏浪"（大、小梅沙）被列入"深圳八景"。

梅沙街道民俗文化是岭南文化的重要组成部分。居民历来以广府和客家两大民系为主，直至1998年建立街道办事处，仍然保持着这种居民结构格局。三洲田庚子首义，是真正打响资产阶级民主革命的第一枪、开启辛亥革命成功前奏的起义，民主革命精神在此传承。

梅沙街道的生态文明建设成果显著。国际文化产业博览交易会、梅沙国际珊瑚节暨梅沙国际潜水论坛、深圳（大梅沙）沙滩音乐节、国际风筝节、深港城市建筑双城双年展、"时尚碳币"活动、环保达人评选、垃圾分类行动等一系列大大小小的会议、节庆活动，不仅培养了人们的生态文明意识，同时向全国乃至世界展示了梅沙的生态文明建设成果。

梅沙街道将通过自然资源质量提升、街道景观风貌美化以及培育

图8-2 梅沙街道实景（二）

特色生态旅游产业作为主要建设任务；通过公益林调整，森林质量提升等工程建设，调整森林资源结构，提升森林资源质量；通过继续开展国际海洋珊瑚节，开展珊瑚种植工作，保护海洋生态环境，提高梅沙街道海洋生物多样性；通过开展薇甘菊防治工程，严格控制有害生物入侵；通过水岸绿化美化等景观提升工程，改善湿地景观，保护自然资源，提升自然资源质量。

街道的人居环境建设既要重视街道外部的生态环境和绿色开敞空间的建设，如增加紫藤隧道、建设绿色公共区域、提升绿化美化效果、保护和增加花漾绿地等，又要重视街道公共绿地建设，增加以公园为主的街道绿地，利用各种观花植物打造美丽的花漾街区、强化道路绿化和滨水绿地的建设等，打造宜游宜居的街道环境，为街道的建设提供可持续发展的基础平台。

正确认识街道的区位优势，以市场为导向，因地制宜，引导企业差异化发展，提升服务质量，推动旅游产业高端化、精品化和多元化发展，打造森林休闲等旅游产品，以"碧海—青山—繁花—健康"

为主题，融入观光、摄影、科普、度假、休闲、健身等元素，深挖特色，高起点谋划，发展特色生态旅游经济。到规划期末，梅沙街道将建设成为深圳市独具海滨特色的生态旅游型森林小镇。

建立长效保障机制，进一步推动森林小镇的建设。在广东省委、省政府、林业厅及深圳市城管局、盐田区城管局等上级部门的高位推动下，梅沙街道成立森林小镇创建办公室（以下简称办公室）。办公室科学管理，分工明确，同时对接市、区和街道各级有关部门，有序开展森林小镇的资料收集、现场调研、规划编制、征求意见等工作，为森林小镇规划的编制和后期规划的实施建立长效的保障机制。

图 8-3　梅沙街道实景（三）

办公室委托广东省岭南综合勘察设计院完成森林小镇总体规划的编制工作。梅沙街道森林小镇总体规划构建"一岸一带、一屏一网、四核多星"的空间布局，通过森林旅游体系、森林生态体系、森林文化体系、生态标识体系和宜居环境体系五大体系建设，规划将梅沙街道打造成集森林旅游、海滨度假、娱乐休闲、森林文化等多功能于一体的深圳市独具滨海特色的生态旅游型森林小镇。

通过森林小镇的建设，梅沙街道将实现生态效益、社会效益和经济效益共赢。到规划期末，梅沙街道的森林资源总量明显增加，生态资源质量显著提高，人居环境得到有效改善。同时，通过建设，街道的旅游服务设施更加完善，服务产品更为丰富，服务水平更加提升，游客接待能力显著增强，因此将创造更多的就业机会，大大提升梅沙街道的知名度，打响梅沙特色山海旅游品牌。

B.9 广东江门：大田生态旅游型森林小镇

【推荐语】

大田森林小镇位于广东省江门市恩平市西部旅游经济走廊的中心地带，森林覆盖率高达71.63%，是恩平市森林覆盖率最高的镇，气候温和，自然条件良好。境内拥有珠江三角洲最大的水库——锦江水库、有天然氧吧之称的河排林场省级森林公园和品种丰富的古树群落等。大田具有丰富的山水资源和地方人文特色，获得了"广东省休闲农业与乡村旅游示范镇""中国最佳生态休闲旅游名镇"等多个荣誉称号。

江门市林业和园林局

大田镇位于广东省江门市恩平市西部旅游经济走廊的中心地带，锦江河上游，与阳春、新兴两市毗邻，地处原始森林七星坑口与民间传说"脚踏君子山"的君子山下，是广东省著名的革命老区。全镇总面积202.36平方公里，耕地面积18464亩，山地面积51万亩（其中河排林场25万亩），总人口3.2万人，下辖12个村（居）委会，156个村民小组（其中革命老区村73条，水库移民村17条）。由于山水资源丰富，地方人文条件比较好，获得了"广东省休闲农业与乡村旅游示范镇""中国温泉之乡""中国最佳生态休闲旅游名镇""广东美食旅游之乡"等多个荣誉称号。

大田镇属亚热带季风气候，气候温和，光照充足，雨量充沛，具备发展农林渔业的良好自然条件，被恩平市定位为农业生态旅游镇。

图9-1 大田水尖圣境

区域内锦江河自西向东贯穿全境,境内四面环山,整个地形呈盆状,属于丘陵地区。境内拥有丰富的山水资源,镇内动、植物物种丰富,已被发现的动、植物超过1000种,是一个不可多得的自然生态宝库。全镇森林面积约24万亩,森林覆盖率达71.63%,其中百年以上的古树名木多达100棵。

　　大田镇境内拥有珠江三角洲最大的水库——锦江水库,集雨面积362平方公里,库容达4.18亿立方米,库区内有七星坑省级自然保护区,保护区内均为未开发的原始森林,是锦江河的源头。锦江河流淌而下,沿途有多个优美的风景观光点,如有天然氧吧之称的河排林场省级森林公园、锦江河水占、黄亚山茶场等。作为中国第一温泉之乡、中国第一个国家地热地质公园,大田镇拥有闻名海内外的锦江温泉和山泉湾温泉城两个国家4A级旅游区,每年接待游客约72万人次。温泉出水温度达70℃,水质清澈,晶莹爽滑。富含几十种对人体健康有益的微量元素,硅酸、氟、氡均达到国家命名标准,全国罕有,泡后更呈现肤凝脂滑的效果。

图 9-2 锦江水库

大田镇高度重视镇区园林绿化和植树造林投入，积极发展与森林保护、利用相关的生态观光和度假旅游产业。2016年以来，年均投入200万元进行公园建设，镇区建有江北公园、朗北古树公园2个镇级公园，森林小镇体育综合公园已投入使用。大田镇建成区绿地面积超过26万平方米，绿地率41.2%，绿化覆盖率达34.43%，人均公园绿地12平方米。

图 9-3 水占湾

大田镇是著名的革命老区镇，现保存有多处抗战旧址。如镬盖山六壮士战斗旧址和广东人民抗日解放军司令部驻地旧址——励英学校，是江门市重要的红色教育基地。同时，大田还富有历史人文气息，玉带天池、石山铭古、北帝石鼓、摩崖石刻等旅游资源都有一段朴素生动、寓意深远的神话故事。

大田镇目前已成功创建国家森林小镇，借助这个契机，将继续加大镇区园林绿化及森林保护方面的建设，努力做大做强大田镇生态旅游型"森林小镇"的品牌。大田镇美丽的自然风光、悠久的历史文化和独特的人文气息等待着来自五湖四海的游客前来观光品鉴。

图9-4　大田镇风光

B.10 山东德州：德百生态旅游型森林小镇

【推荐语】

德百生态旅游型"森林小镇"（椹仙村）坐落于国家4A级景区、国家级森林公园夏津黄河故道森林公园内，以绿色生态为根本理念，以夏津县最具特色的古桑树群资源（已被列为全球重要农业文化遗产）及齐晋会盟历史文化为依托，全力打造齐鲁民俗休闲体验地，促进葚文化、葚产业全面发展，提升美丽乡村建设水平，是繁荣农村、富裕农民、促进农业转型发展的经典之作。

夏津县人民政府

德百旅游小镇（椹仙村）位于国家4A级景区、国家级森林公园夏津黄河故道森林公园内，项目总占地1200亩，小镇坚持立足实际、尊重自然，以生态为基础、以文化为特色、以旅游为载体，注重"商、旅、文"三者的相互融合发展，实现生态、文态、业态"三态合一"发展模式，努力探索出了一条生态、文化、旅游融合发展的新路。

生态为基，绿色+资源，宜居宜游椹仙村。发展特色小镇要牢固树立生态优先、绿色发展的理念，把生态文明理念和原则全面融入特色小镇建设的全过程和各领域，走出一条绿色、集约、智能、低碳的特色小镇建设之路。德百旅游小镇（椹仙村）是集文化旅游、健康养老、休闲度假、互联网+、体育运动等多种业态于一体的特色小镇。小镇践行"绿水青山就是金山银山"发展理念，以生态资源为基底、以绿色低碳循环技术为支撑、以创新体制机制为保障，使特色小镇建设融入了生态文明、绿色发展理念，真正实现低碳生活、和谐生产、宜居生态。小镇的开发建设节约利用土地，空间布局与周边自然环境相协调，建设高度和密度相适宜，做到镇区环境优美、干净整洁，区域绿地贴近生活、贴近工作。

图10-1　德百旅游小镇（椹仙村）角楼

夏津县地处鲁西北黄泛冲积平原，素有"北方落叶果树博物馆"之美誉的黄河故道森林公园便坐落其中，以葚树、梨树、桃树居多，夏津也因此有"中国葚果之乡"之称。德百旅游小镇（椹仙村）深度挖掘当地历史传统、民俗文化，彰显地域风情特色，结合现代生活方式，运用创意手段，融入生态绿色的元素，物质文明与精神文明并抓，实现城镇产业创新与特色小镇建设的融合发展。

山东德州：德百生态旅游型森林小镇

图 10-2　魅力夏津

文化为魂，"旅游+需求"，齐鲁印象体验地。特色小镇，根在文化。既拥有现代化的生活，又保存乡土温情是特色小镇对时代问题的回答。德百旅游小镇（椹仙村）利用独有的平原地区资源优势，以国家4A级景区、国家级森林公园黄河故道森林公园为辐射圈，以绿色生态为根本理念，以夏津县最具特色的古桑树群资源（已被列为全球重要农业文化遗产）及齐晋会盟历史文化为依托，结合当地黄河文化、齐鲁文化、桑葚文化等特色，将传统民俗民风与夏津本地文化有机融合，使特色小镇在发展自身特色的过程中，自觉承担起本地文化挖掘、保护、传承、创新的责任。

图 10-3　夏津桑树园

169

德百旅游小镇（椹仙村）主要包括齐鲁印象体验地、主题文化园、亲子园、康养基地、文体康乐园、拓展实战基地、自行车越野基地七大板块。其中，齐鲁印象体验地是本项目打造的亮点，这里以北方民居古建筑为主，主要包括美食小吃街、桑葚文化街、民俗体验街、娱乐街、具有浓厚地方色彩的民宿区，以及杂技大世界、游乐场、射击场等众多娱乐区。突出"齐鲁印象体验地"为主，集民俗、服务、产业加工等于一体，带给人们一段轻松愉悦、美好的乡村怀旧之旅。

图 10-4　美食小吃街

德百旅游小镇（椹仙村）的打造，立足乡土、挖掘历史、文旅融合、主题鲜明，集地方传统小吃、传统生产工艺作坊、桑葚文化展示及文化演艺等多种业态于一体，让游客游有所感、品有所需、住有所求、娱有所乐、来有所得。结合德百温泉项目，打造民俗文化游与温泉养生结合的线路。结合葚果节及周边几大园区，打造采摘、赏花加民俗文化游路线。在确定了以展现齐鲁风情为主的乡村旅游道路后，全方位完善创意产业，大力发展乡村旅游，同时不断强化品牌特色，打造时尚和现代元素相结合的娱乐街，涵盖客栈、酒吧、咖啡馆、书屋、多功能广场等。游客不但能够感受到农家氛围，品尝各地小吃，观赏齐鲁印象小镇之景，还能够体验民俗文化元素与现代设施相结合的独特的生活情调。这些极大地满足了游客对于乡村旅游的观赏、休闲、娱乐的需求。

图 10-5　德百旅游小镇（椹仙村）城门楼

德百旅游小镇（椹仙村）整合乡村旅游资源，依托当地文化特色打造乡村民俗旅游品牌，建设以温泉度假村、旅游小镇为特色的生态旅游小镇，提升了美丽乡村建设水平，开辟了一条繁荣农村、富裕农民、农业转型发展的新路子。

B.11
山西晋城：横河
养生慢享型森林小镇

【推荐语】

横河镇历史悠久，扼守"阳城南大门"，是晋、豫两省，阳城、垣曲、济源等三县（市）文化旅游商贸交流中心。这里风景优美、山奇水秀，有阳城古八景之称的"析城乔木"、"盘亭列嶂"等旖旎美景，有女娲造人、盘古开天地、大禹治水、商汤祷雨等瑰丽传说，有晋豫边抗日革命根据地、抗日队伍唐支队等红色传承，更有淳朴、热情、好客的山里人家。近年来，横河镇荣获"中国乡村最佳旅游目的地"、"全国人文生态旅游基地"、"山西省历史文化名镇"等称号，是美丽天然的康养圣地。

阳城县人民政府

横河镇位于山西省阳城县西南边陲，晋豫两省接合处，南与河南省济源市接壤，西与运城市垣曲县交接，东经120°，北纬35°21″，总面积210平方公里，海拔最高1951.4米，最低927米，境内北高南低，诸峰林立、各山遍布，气候四季分明，地形地理复杂，总耕地12000亩，林地23万亩，森林覆盖率达90%以上。森林茂密，水丰草沛，生态优美，景色宜人。境内盛产以连翘、柴胡、山茱萸、山桃、党参等为主的280余种中药材，其中连翘的种植面积达到一万余亩。金钱豹、猕猴、麋鹿、白鹳、黑鹳等国家一级、二级保护动物在这里繁衍生长。全镇下辖13个行政村，255个自然庄，辖区总人口

4753 人。

横河镇历史悠久,素有"阳城南大门"之称,是两省三县政治、经济、文化、旅游、商贸交流中心。这里有女娲造人、盘古开天地、大禹治水、商汤祷雨的美丽传说。早在秦始皇时期这里就已设亭,故称盘亭。中寺村的千峰寺修于后唐年间,即公元926年,这里有人类居住的历史已达3000年。近年来,横河镇曾荣获"山西省历史文化名镇"、"中国乡村最佳旅游目的地"、"全国人文生态旅游基地"等称号。

一 以林业为基础,护好绿水青山

横河镇地处中条山东段,是山西省重点林区乡镇之一,属阳城县西南部石质山水源涵养用材林林区,域内群山林立,有中条山国家森林公园、历山国家级自然保护区,析城山、小尖山、云蒙山、鳌背山、十八罗汉山等环列镇四周;山环水绕,盘亭河、溪源河穿镇而过。域内最高峰为云蒙山,海拔1951.4米。

这里天然林面积广阔、成林历史悠久,早在《山海经》中就提到沁河流经析城山时,便有"沿流上下,步径裁通,小竹细笋,被于山渚,蒙笼茂密,奇为翳荟"、"峰次青松,丹青绮分"、"翠柏荫峰、清泉灌顶"等记述。镇域内天然林树种以栓皮栎、辽东栎类、槲树、青檀、五角枫、千斤榆、僵子树、桦树、山柳、山杨等阔叶用材树为主,其次是灌木,针叶树种最少。其中,云蒙山天然林地面积2万余亩,鳌背山天然林地面积2.5万余亩,小尖山天然林地面积2万余亩,斗顶山天然林地面积2.9万余亩,析城山天然林地面积6.4万余亩。

长久以来,横河镇将林业资源的保护与利用放在了首要位置,持之以恒开展了荒山绿化与植树造林活动,截至目前,全镇共有四旁树

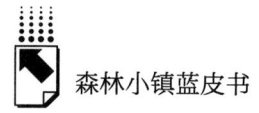

21034万株,四旁树蓄积量达5200余立方米;有各类集体林地64191亩,其中用材林地53600余亩,疏林地2456亩;林地林改面积44583亩,集体保留林地10080亩,林地确权面积54663亩。

二 以旅游为基石,做好富民增收

横河镇山清水秀,生态优美,是国内少有的未受现代文明侵蚀、未遭现代工业污染,极少受到人类开发干扰的地区,也正因为这些重要的历史原因使横河镇保存了原始的地形地貌、人文景观和特色鲜明的乡土人情、山水奇观、风光景物、名胜古迹,这些丰富的旅游资源成为现代乡村生态旅游的优秀杰作。

在大自然赐予的这方神奇土地上,曾有"云蒙山日日雾罩,析城山四面如城,小尖山直插云霄,鳌背山赛过天高,盘亭群峰如剑,十八罗汉神秘迷人"之说。这里的每一道山峦都是一道亮丽的风景,每一条山沟都是一个五彩缤纷的世界,每一处山梁都是一幅美丽的画卷。登临山巅高处,只见重山叠叠,群岭起伏,红沙绿坡,青草连绵,神秘美丽的横河尽收眼底,绿色的天堂会是游客的第一感觉。横河是众多省内外游客公认的旅游资源最丰富的乡镇。

1. 析城山

析城山被誉为"万山之祖、龙兴之地",海拔1888米,山顶方圆20公里,四周悬崖峭壁,中间地势平坦,气势恢宏的汤帝庙坐落在平静如镜的娘娘池边,整个庙周山山顶植被完美,林草茂盛,诱惑你必须向丛深前行。这里特有的气候滋润着满地的草甸,像一面偌大的绿毯,把整个析城大山从山脚到山顶包裹得严严实实。盛夏时节这里山花烂漫,蜂飞蝶舞,尤其是誉满三晋闻名全国的花中皇后胭粉花,就像九天落地的花雨,还有红艳艳的山丹花、白生生的野薇花、

山西晋城：横河养生慢享型森林小镇

图 11-1　析城山

黄澄澄的金菊花，再衬上四周傲然挺立的苍松翠柏，形成了花的海洋、草的世界。

2. 小尖山

小尖山孤峰耸立，山势直挺，如削如塑，极为险峻，仅有一条凌

图 11-2　小尖山

空鸟道可达山顶，就在这极其险峻的山顶上建有多座佛寺殿堂。小尖山是佛、道两家共生互存的圣地，游客可以在这里感受到尊重生命、道法自然、天人合一的超脱气息，还可以观山赏景。这里能让更多游客在饱览美景的同时放松身心，达到精神世界与现实世界的统一。小尖山不仅是佛道合一的奇山，更是晋、豫、陕三省游人香客休闲健身养生的圣地。

3. 云蒙山

云蒙山海拔 1951.4 米，是省级动植物保护区，是阳城县第一高峰，这里峰岭之巅云雾缭绕，参天大树荫森蔽日，崖高谷深，猴跃禽飞，众多洞龛建有佛殿寺庙，龛洞庙殿雕塑着大量精巧的佛像，整个山寺内，仙佛道并奉，是著名的集儒、释、道、仙于一体的石龛佛庙。登顶举目四望，众山重重，林海无边，犹如泰山的雄伟、华山的险峻、黄山的神奇、庐山的秀丽。

图 11-3　云蒙山

4. 五彩峡谷

五彩峡谷因河卵巨石悬崖由五彩缤纷的岩石组成而俗称五彩峡。

它是一条纵深数十公里的大峡谷，两边是刀削一般的陡峰，两侧高峰百余米，且山连山、峰接峰，难见阳光。由于大山作为屏障，谷底相对暖和，且谷内巨石峥嵘，植被茂盛，鸟语花香，鱼跃鸟舞，溪水四季长流，叮咚之声不绝于耳，泉水急泻而下，逢岩成瀑，遇壑为潭，形成了大山里的画廊。

图 11-4　五彩峡谷

横河镇名山众多，文物古迹星罗棋布，文化遗产灿若星河，洞幽峡谷数不胜数，山河风物比比皆是，神话故事扬名四海，革命圣地光辉夺目。

三　以民俗为基因，建好特色小镇

横河地处深山，地势起伏，缺少平地，这里层层梯田宛如玉带，田间地头沟沟坎坎散落在乡村周围的山坡上，站在低处往上看是山坡，站在山顶往下看是田园，地边垠岗种植了果树，田间种植优质的小杂粮，农耕多采用原始方法。

图 11－5　横河镇梯田

这里民居村落多是背靠青山，沿着山势疏密有致不断向上延伸，七拐八斜的街巷道道相通，路路相接，红石板、河卵石铺设在街巷的房前屋后，居民建筑群像阶梯井然排列，或鳞次栉比地层叠而上，或高低错落向下铺设，房子全是用石头砌起来的，土墙黑瓦色调极其和谐，透着一种古老建筑的庄严，在青山绿水映衬下，真是一处世外桃源。这种被称为"折叠式"土地和阶梯式村落在本地比比皆是，若能到此观赏，你会深深地体会到，这里古村落黄土地那种拙朴的美感。

近年来依托全县发展乡村旅游、建设美丽乡村契机，横河镇大力

山西晋城：横河养生慢享型森林小镇

图 11 -6　横河镇民居

图 11 -7　横河镇村落一角

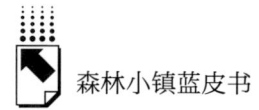

招商引资，立足地情，坚持生态立镇、旅游强镇的战略方针，在保存原始的地形地貌、人文景观和特色鲜明的乡土人情基础上，大力创建美丽乡村，发展乡村旅游，通过公路建设、河道整治、街巷绿化、片石民居改造、特色村庄建设等一系列工程，夯实乡村水、电、路基础配套设施及文化体育健身场地，提升了横河镇乡村旅游的知名度和美誉度。横河镇以农居为依托，以农家为主体，以土字为核心，以自然为原则，以民俗为特色，以安全卫生为要求，以旅客满意为目标，投资1000多万元，在景区沿线、景点周围建设高标准农家乐170多家，建设面积3万多平方米，可同时接待2000多位游客。结合"悠然阳城"旅游品牌，横河镇积极宣传和打造以户外天堂、乡风绿韵、秘境寻踪、天然氧吧、红色记忆为主题的"悠然阳城、五彩横河"乡村旅游品牌；精心策划、组织开展了两届"析城山"杯全国山地自行车邀请赛、"9·17就要骑"中秋摩托文化节、"五彩横河、写意山水"绘画写生、二月二小尖山祈福庙会等特色旅游节庆活动，全年吸引了来自二十多个省份的数万名游客，带来旅游综合收益近百万元。

四 以红色为基调，传承革命精神

横河山大沟深，森林茂密，历来就是兵家谋略必争之地。抗日战争时期，横河作为阳城革命老区斗争堡垒和抗战前沿阵地，在党的领导下，有着丰富的可歌可泣的斗争篇章，留下多处革命遗址。早在1938年，中共中央北方局军委书记、组织部部长朱瑞以及唐天际、聂真等八路军第一战区长官司令部联络处领导人，根据中共中央洛川会议精神，在横河镇千峰寺成立了以聂真为书记的中共晋豫特委，组建了以唐天际为司令的根据地人民革命武装（晋豫边抗日游击队，简称唐支队），创建以中寺村为大本营和指挥中心，辐射晋豫两省十七个县区的晋豫边红色抗日根据地，由此，抗日烽火燃遍晋豫大地。

在整个抗日战争时期，晋豫特委及唐支队扎根晋豫两省，辐射晋冀鲁豫大地，是太行地区影响范围最广、历史地位最高、战略意义最大的根据地之一。

图 11-8　晋豫区革命纪念碑

横河镇有深厚悠久的历史沉淀，有绵延的生态画廊，有众多的人文遗存，有丰富多彩的民俗文化，有不同风格的自然景致，有大自然的安静祥和，有清新的氧吧世界，有淳朴热情的老区人民，有与时俱进的山里人家，有令人垂涎欲滴的特色饭菜，这里好似一个百宝匣，每一处、每一景都能书写出一段动人的故事，吟唱一首动听的歌谣，绘出一幅美丽的画卷。

B.12
四川广元：天曌山
森林康养型森林小镇

【推荐语】

天曌山森林小镇地处"女皇故里"——四川省广元市利州区，是川陕甘接合部的一颗绿色明珠。天曌山森林小镇以广元市利州区天曌山国有林场为主体，面积26平方公里，森林覆盖率达96.5%，平均海拔1200米，年平均温度18℃，辐射带动7个乡镇21个村组，3.2万人口，距广元市主城区仅19公里，是中国离城市主城区最近的国有林场、国家级森林公园。

广元市林业和园林局

天曌山森林小镇动植物种类丰富，木本植物达40余种，挂牌古树名木120余棵，动物达247种，活立木总蓄积量75万多立方米，年平均负氧离子每立方厘米超过6000个。森林小镇内自然景观、人文景观丰富，有景点100余处。茂密的森林、优美的风景、清新的空气和悠久的佛教道教文化吸引了纷至沓来的游客。天曌山森林小镇是方圆400公里的人们消夏避暑、观叶赏雪、森林疗养、休闲度假的最佳去处。

天曌山森林小镇水、电、路、通信等基础设施完善。2008年以来先后投入5.1亿元，改造旅游公路47.6公里，治理地灾隐患30余处；完善天然气管网26公里、供水管网4.7公里、污水处理5处；建设森林步道、护林防火通道15公里；打造智慧林场，安装监控设施150余

图12-1　天曌山森林小镇村庄

处、设置4个管护区、1个管理中心；改造场部旧址及游客中心、康养度假酒店，建设森林人家……接待能力和服务水平得到极大提升。

图12-2　天曌山森林

天曌山森林小镇共辐射7个乡镇21个村组，先后带动7500多名贫困人口脱贫。近年来，发展草莓、枇杷、野芽春等采摘园13个，森林人家和家庭旅舍320多家，天麻、灵芝种植户和黄羊、蜂蜜、跑

山鸡养殖户2100多户，助农增收，人均收入超6000元以上。先后成功举办中华旅游小姐环球大赛、森林音乐节、森林露营节、四川省第二届森林康养（夏季）年会等，走出了一条生态保护、产业相融、社区融合的绿色可持续发展之路。天曌山森林小镇建设总体规划为"一带一心三区"：一带，即连接城市与森林小镇的生态风景带；一心，即天曌山林场全域；三区，即森林文化区、森林康养区、天曌女儿区。计划总投资10.72亿元，已完成投资5.1亿元。

森林文化区。弘扬生态文明，提炼儒学、道教、佛教及森林文化精髓，结合国有林场建设沿革，建设林场记忆、森林教育基地、自然学院、森林体验教育步道等。

森林康养区。以康养、生态、低碳、环保为理念，推出森林养生、森林观光、森林体育、森林教育、森林食品、森林产品等建设项目。

天曌女儿区。依托广元女皇故里地方民俗文化资源，推出天曌集市、女皇养生园、女皇芳泽园等建设项目。

海阔心无界，山高人为峰。苍苍茫茫的原始森林，奇异无比的地质景观，曼妙奇幻的溪流飞瀑，妙趣横生的野生动物，美不胜收的多彩秋韵，冬雪飘飘的银装素裹，震撼心灵的日出日落，摄人心魄的朝霞余晖，以"女皇故里""女儿节"为代表的灿烂文化，幸福长寿的广元利州儿女，无不彰显出天曌山森林小镇强大的实力和无限的魅力。

2017年，天曌山森林小镇年接待量达到110万人次以上，吸引游客过夜达60%以上，年综合收入达3.5亿元。

中共广元市委、市政府和利州区委、区政府高度重视生态环境和森林小镇建设，早在1985年建市之初就确立了生态立市的长远发展战略，2005年提出"建设生态广元、构筑嘉陵江上游生态屏障"的奋斗目标，2013年将"建设川陕甘接合部经济文化生态强市"、利州

图 12-3 天曌山森林小镇美景

核心区和"美丽利州,生态广元"作为奋斗目标。2016 年又做出"推进绿色发展,实现绿色崛起,建设中国生态康养旅游名市及利州核心区"的决定。结合国有林场改革,稳步推动天曌山森林小镇建设发展。

B.13
广东广州：派潭
生态旅游型森林小镇

【推荐语】

羊城之北，南昆山之阳，有千年古镇因山涧杨梅树繁多得名杨梅都。几经演变，自明朝定名"派潭"沿用至今。派潭森林小镇（派潭镇）境内森林资源丰富，生态景观特色突出，生态旅游特色发展，形成了"生态谷、休闲游、浸温泉、玩漂流、赏卧佛、观瀑布、登天梯、泡氧吧、听传说"的特色生态休闲旅游路线，是华南地区著名的旅游目的地，是南粤大地上令人瞩目的绿宝石。

广州市增城区人民政府

派潭镇环境优美，森林覆盖率高，境内温泉、民宿和农业基地等旅游资源丰富，规划定位是集科普教育、野外拓展、康体养生、户外休闲、温泉度假、古村觅迹、风景游赏等多功能于一体的独具历史文化价值、优良生态景观和市场吸引力的生态旅游型森林小镇。

派潭镇是广州东北部生态屏障，被誉为珠三角地区的"绿肺"。全镇总面积289.5平方公里，目前森林总面积31.2万亩，森林覆盖率71.67%。镇内拥有中国大陆落差最大的高山瀑布——白水仙瀑布，温泉遍布，是岭南负离子含量最高的地区。派潭镇先后被授予"全国重点镇""国家卫生镇""全国特色景观旅游名镇""全国美丽宜居小镇""中国十大文化休闲旅游镇""广东省森林小镇"等荣誉称号，现已成为华南地区著名的旅游目的地，是南粤大地上的一颗绿宝石。

广东广州：派潭生态旅游型森林小镇

图 13-1　白水仙瀑布

突出规划引领，优化生态文明建设布局。全镇按照"一带、两区、三组团"方式布局，高起点、高标准完成新一轮的城镇总体规划修编，涵盖环境保护、景观设计、村庄调控、文化发展四大专项规划，实现城镇建设与环境保护统筹协调，全面拓宽生态产业发展道路。

厚植绿色理念，实施"千园计划"。现有湿地公园2个，公园81个，总建设面积348900平方米，绿化面积193170平方米，游客出门500米就有休闲游憩绿地，实现了"村村有公园"的目标。

打造景观花带，推进"山水、低碳、百景"绿道建设。派潭镇在辖区内24公里的道路沿线，共种植了杜鹃10.2万棵，完成种植面积约350亩，并建成绿道66.6公里，在沿途重要节点建设大埔红海花园、坝美公园、水月公园等7个主题景观花园，形成红棉锦簇、花海缤纷的生态景观。

建设美丽乡村，营造村庄绿化景观。2013~2015年，完成乡村绿化美化建设任务15个，完成率100%。其中区级示范点3个。2016~2017年，该镇已完成建设绿化美化乡村11个，其中广州示范点建设1个，构建优美宜居生态家园。

打响旅游品牌，构建全域发展格局。派潭镇现有国家4A级景区——白水寨自然风景区，以及大丰门漂流、牛牯嶂景区、邓村石屋等旅游景点，旅游配套设施齐全，配备4家五星级标准温泉度假酒店、2家三星级酒店和169家万家旅舍，形成了集运动养生、度假住宿、休闲观光、旅游地产于一体的生态旅游产业体系。

图13-2　大丰门水库

发挥生态优势，抓好林旅产业融合发展。做大做强白水寨风景名胜区，打造国家5A级景区；引导万家旅舍规范化、标准化、特色化发展，形成以"进森林氧吧、泡森林温泉、尝森林美食、赏森林美景、住森林小屋"为特色的生态休闲旅游路线；推动新型城市化发展，引进和培育农业龙头企业，建设国内一流，面积在千亩以上的集"生产、生态、观光、休闲、养生"于一体的现代农业园区。

图 13-3　派潭福地

依托文化底蕴，开拓文化旅游新路线。派潭镇客家文化和广府文化和谐交织，如邓村石屋、石达开故居、明末清初的灵山三宗庙、高埔炮楼等保存良好。客家民俗文化异彩纷呈，如舞春牛、舞貔貅、舞鱼灯等许多发源于农耕社会的非物质文化遗产保留至今。小迳村革命根据地（增城县旧县委所在地）已被确定为"党史教育基地"，十七烈士陵园、东江纵队联络点、李一文烈士纪念碑等富有"红色"气息的遗址，派潭镇将开辟"红色旅游"精品线路"白水仙瀑—小迳村革命根据地—派潭解放纪念园"，把文明融入绿色，以深厚革命文化带动生态旅游。

持续高位推动，建立长效保障机制。在上级部门的推动下，派潭镇加强领导牵引，成立森林小镇创建办公室，协同相关职能部门，协力推进小镇建设各项工作。

图 13-4　民俗特色——客家舞貔貅

派潭镇坚持"生态立镇、旅游兴镇、特色发展"的战略，通过整合生态旅游资源、抓好旅游景区建设、实施城镇新增绿量、绿色生态网络建设、美丽乡村、幸福人居等重点生态建设工程，达到"绿量利民、绿色惠民、绿网便民"。派潭镇将建设成为经济繁荣、人民生活富裕、城乡协调发展、休闲度假、健康养生的生态旅游型森林小镇。

B.14 四川攀枝花：平地生态康养型森林小镇

【推荐语】

平地镇位于攀枝花市仁和区南缘，为攀枝花市通往云南的"南大门"，是攀枝花市规划建设的二级重点乡镇。面积176.43平方公里，总人口1.5万人。近年来，平地镇以建设美丽新农村为载体，围绕"观光旅游、度假休闲、绿色产业、阳光康养"，通过建设樱花小镇，实施天然林保护工程和退耕还林工程，开展国土绿化和特色经济林果建设，大力挖掘民俗文化、三国文化、生态文化，深化产业融合，打造出颇具特色的生态康养森林小镇。

攀枝花市林业局

在四川省攀枝花市南缘，镶嵌着一颗高原"绿色明珠"，这就是攀枝花市仁和区平地镇。平地镇位于川滇交界处，是南方古丝绸之路的重要通道，为攀枝花"南向门户"战略的重要节点，是典型的俚濮彝族聚居镇，先后获国家级卫生镇、全省"百镇建设行动"试点镇，有"中国苴却砚之乡"的美誉。2017年10月，被四川省绿化委员会、四川省林业厅正式授予四川首批省级森林小镇，四川共计32个小镇入围，作为攀枝花唯一的代表，仁和区平地镇位列其中。

平地镇面积176.43平方公里，总人口1.5万人。近年来，平地镇以建设美丽新农村为载体，全力推进乡村振兴计划，围绕"观光旅游、度假休闲、绿色产业、阳光康养"，依托金沙江大峡谷、迤沙拉古镇、绿野森林等特色景区（点），通过挖掘民俗文化、三国文化、生态文化等系列人文底蕴和生态禀赋，深化产业融合，打造特色小镇。

一 绿色产业，森林小镇

绿水青山就是金山银山。

近年来，平地镇在上级党委政府及相关部门的支持下，大力开展林业重点工程建设，实施退耕还林4900亩，常年有效管护森林面积18万余亩，着力加强森林资源管理与保护，广泛开展森林文化宣传。与此同时，平地镇通过2000余口沼气池的建设及风电项目的实施，使绿色能源成了森林绿地的保护伞。由此，平地，这个面积176.43平方公里的小镇，森林面积达到18.86万亩，森林覆盖率达70%，绿化覆盖率达到65%，森林资源管护率100%。

图14-1 绿野森林

四川攀枝花：平地生态康养型森林小镇

与此同时，全镇着力发展绿色产业，形成了10000亩板栗，5000亩核桃，900亩青脆李、芒果、杨梅，5000亩葡萄等特色水果基地……杨梅山庄、邑度酒庄等一批具有代表性的康养产业也慢慢成形。为了进一步提升平地镇景观品质，打造绿色产业，2014～2016年，平地镇累计投入1600万元，开展了樱花观赏园、建筑风貌打造等一系列涉及基础设施、产业互融的发展项目，现种植冬樱花5000余株，建成集镇绿化面积20000平方米，特色风貌打造114户……城乡面貌焕然一新，樱花风情特色小镇建设已初具雏形。

图14-2　邑度酒庄

二　民俗文化，康养胜地

山绿了，水清了，生态环境越来越好了……如今平地镇正依托阳光、气候等优势资源，大力发展"康养+"的阳光康养项目，充分挖掘森林康养功能，以满足城乡居民绿色生态健康为目的，建设康养服务环境优良、产品与服务体系相对完善、具有明显市场感召力的森林小镇。

这里文化底蕴深厚,民风淳朴。平地镇以"康养+文化"为发展理念,打造以苴却文化、酒庄文化、民俗文化为核心的俚濮文化产业,建成产业优质、生态宜居、富有活力的俚濮文化产业特色小镇。

这里是消夏避暑、御寒取暖的好去处。果蔬品摘、樱花品赏、乡间品聚的生态康养主题浪漫别致。"青瓦、白墙、红门、红窗"的俚濮民居古朴幽雅,国家级历史文化名村迤沙拉村独具风韵。

图 14-3　迤沙拉民俗文化村

这里是"苴却砚之乡"。起源于隋朝的苴却石开采、加工工艺自成一派,产品从单一的砚台发展到围棋茶盘、文艺摆件等,拥有配套完善、水平领先的苴却石产业体系。

这里是诸葛亮"五月渡泸,深入不毛"之地。位于平地镇南缘的方山,三国时诸葛孔明七擒孟获便发生在这个地方。滔滔金沙江畔,巍巍方山之巅,昔日诸葛营盘,战争遗址,见证了诸葛孔明之睿智,饮马金沙江之壮举。

三 生态旅游，绿色振兴

6月火把节，仰望璀璨星空，脚踩柔软松针，围着熊熊篝火，尽情跳舞唱歌，在夜空中放飞自己的美丽梦想。岁末年初，樱花盛开，如织游人，徜徉在浪漫樱花树下，乐享樱花文化。在这里，周末节日，可以带上家人，约上亲朋好友，踏青嬉戏游玩；累了，可席地而坐，嗅着淡淡野花清香，倾听阵阵松涛清音，品尝浓浓杨梅清冽，惬意人生。

正是如此，平地镇通过挖掘深厚文化底蕴，举办具有彝家特色文化的泼水节和火把节、川滇民族风情节、杨梅采摘节、浪漫樱花节等，打造集餐饮、住宿、娱乐、民俗体验于一体的特色乡村旅游，为旅游产业创造了良好的环境基础。

高山逶迤，峡谷纵横，风光旖旎，气候宜人，历史悠远，民风古朴。平地镇利用自然资源禀赋，结合历史积淀和民族风情，全力打造以迤沙拉村为轴心的旅游产业，促进旅游产业发展新局面。平地镇成功申报并获得了"迤沙拉中国历史文化名村"的称号。完成了迤沙拉村保护性规划工作，启动了迤沙拉旅游开发工作。积极做好猕猴保护、引养工作；加大葡萄基地建设力度；谈经古乐队的包装，已初见成效，知名度迅速提高。

悠悠平地小镇，勤劳善良人民，在建设幸福美丽新村、特色森林小镇的道路上，秉持生态文明理念，大力推进绿色发展，我们有理由相信，平地的明天将会更加美好。

B.15
四川眉山：瓦屋山
森林康养型森林小镇

【推荐语】

瓦屋山镇地处四川盆地西南边缘，位于眉山市洪雅县西南部，海拔在800~2800米，面积731.4平方公里，人口1.7万人，镇内水域充沛，森林资源丰富，森林覆盖率达92%，是一个环境优美、富有山水特色、具有川西民俗风情的宜居滨水城镇。境内瓦屋山为"最美桌山"，北宋大文豪苏东坡有诗赞曰："瓦屋寒堆春后雪，峨嵋翠扫雨余天"；瓦屋山国家森林公园为全国最大的国家级森林公园，被誉为"世界杜鹃花的王国"、"中国鸽子花的故乡"和"熊猫的家园"。

眉山市林业局

"山横瓦屋披云出，水至牂牁裂地来。"静静地感受着美妙的诗句来到瓦屋山镇。瓦屋山镇地处四川盆地西南边缘，位于眉山市洪雅县西南部，海拔在800~2800米。全镇辖一个社区、26个村、142个社，拥有户籍人口1.7万人，面积291.87平方公里（未含国有林场）。境内水域充沛，森林资源丰富，森林覆盖率达90.14%，是一个环境优美、富有山水特色的宜居山滨水城镇。全镇配置齐全，是洪雅旅游大镇，经济强镇。2005年被列为全省100个小集镇试点镇。洪瓦路、"三山"环线、环湖公路等主干线已构成四通八达的交通网络。境内的瓦屋山国家森林公园为全国最大的国家级森林公园，被誉为"世界杜鹃花的王国"、"中国鸽子花的故乡"和"熊猫的家园"。

四川眉山：瓦屋山森林康养型森林小镇

图 15-1　瓦屋山花境

瓦屋山镇是一个具有川西民俗风情的移民小镇，场镇街道两旁遍植桂花，所以又有桂花场镇的美名。每年中秋前后，场镇 3.7 万株桂花竞相绽放，处处能闻到桂花的清香。小镇有瓦屋山形象山门、杜鹃广场、中国高山杜鹃文化展示中心、临湖栈道、梳瀑墩渡、通幽小径、邀月谷和叠翠水景等景观景点。由于森林覆盖面积大，到处看不到农田，深呼吸，满满的负氧离子，让人耳目一新。远处都是人工林，微风徐来带有阵阵微香，淡雅而不奢华。像这样的居民大型聚集点有 3 处——吴庄、王坪、金花桥。还未离开吴庄就已经看到雅女湖。雅女湖，是修瓦屋山水电站形成的高山平湖，炳灵场镇就在雅女湖下。瓦屋山水电站总投资 18 亿元，装机容量 24 万千瓦，库容量 5.99 亿立方米，相当于 2 个黑龙潭的库容量，坝高达到 143 米，相当于一座 48 层的高楼，库区水位高度将垂直提升 100 余米，成为罕见的海拔高度达 1080 米的高原湖泊。雅女湖的由来——瓦屋山下，宁静有湖，风轻云淡，温婉娴静，恰如雅女，故称雅女湖。瓦屋山水库碧波浩渺，山水交融，整个湖区有 7 个峡谷、18 个半岛、24 个大小码头。82 公里环湖路东、西两线，分布着 500 余家各具特色的乡村酒店、农家乐,年接待游客30万人次以上。王坪居民点依山而建,紧临雅女湖畔,生态环境优美,空气清新,是远眺瓦屋,欣赏瓦屋山全貌的最佳观景点之一。新寺生态村一年四季绿树成荫,鸟语花香。复兴生态文化村是瓦屋山下一个有着千年历史的古老村庄,有珙桐、高山杜鹃林万亩以上,百年古树随处可见。复兴村地址开阔,依山傍水,风景秀丽,民风淳朴,民俗文化深厚,是全国首批、四川省唯一"全国生态文化村"。复兴村的"复兴耍锣鼓"入选四川省首批非物质文化遗产名录。复兴村的山歌和锣鼓响器,是原汁原味原生态的民间艺术,有着鲜明的青衣羌人和楚人的遗韵。

金花桥是进山的大门。以往有一座用大杉树拼搭成的木栈桥,横跨深坑河,两侧用穿榫的木枋做栏杆,远看极似古时官帽上插的"金花",为"官帽插金花"景点。桥畔两山对峙,一水中流,河中巨石嵯峨,碧潭银波,周围柳杉林郁郁葱葱,空气清新,沁人心脾,是避暑纳凉的理想胜地。

图15-2 瓦屋山景色(一)

从半山古佛坪到山顶正觉寺的索道，长 1600 多米，高差 700 多米，如果天气好，体力充足，也可以徒步。路为土路，坡度较大，垂直高度 700 米，上山需要 4～5 个小时。如遇下雨湿滑，切不可贸然徒步下山，很多地方坡度超过 50 度，会有危险。登山的步游道于 2011 年由原来的木道改建成更加高档的丹霞红石板道，更好地满足了游人步行登山的迫切愿望。步行登瓦屋山，路程适中，不远不近，刚刚合适，是登山爱好者的理想之地。

双洞溪位于瓦屋山东北部，全长两公里，林壑幽美，由半山大法洞、三星洞所流溪水汇集而组成，是瓦屋山水的世界的小小缩影，溪沟上木栈摇摇，纤尘不染，溪畔奇树满山、藤萝勾连、覆满青苔，月亮潭水清醇甘美，此水是经过千层岩跌下来的珍珠水，饮了此水能清心明目，且有长寿驻颜之奇效。

白石瀑布。在天气晴朗的日子里，在阳光的照射下，站在这白石桥上，你会看到一条水面上的彩虹，你动时，彩虹也跟着你动，这就是世人所说的"七彩贵人"。

冰瀑长廊。冬天，因为温度较低，这里的瀑布凝结成一条长达百米的冰瀑，晶莹剔透，形成一块天然的镜子，蔚为壮观。

象尔岩是瓦屋山最佳的观景处。东眺峨眉，近在咫尺，西望贡嘎，云中浮沉。雄浑壮阔，引发人无尽的遐想。如果天气好，还可以看见云海、日出、"佛光"、"三个太阳"的神奇天象景观。

远眺瓦屋，兰溪瀑布就像 3000 多米高的舞者挥舞的大水袖，飞扬在瓦屋山顶与山底之间。在春暖花开的时候，一朵朵从树上掉落到小溪里顺流而下的杜鹃花就聚集于此。冬天的兰溪瀑布在一片冰清玉洁的世界里，会变成一条圣洁的巨龙。由上而下堆积成的冰瀑，经阳光折射，凝成幽幽蓝色。在冰瀑中心还会有一条细细的流水，在寂静的冬季跳动着。

鸳鸯池位于山塬的中心，面积 160 多亩，像一面宝镜镶嵌在茫茫林海之中，湖面已被泥炭藓和箭竹覆盖。两股清泉四时涌流，周围被冷杉林包围。5月，杜鹃花形成一个巨大的花环，香气袭人，啼鹃悠悠，6月，游人如织、凉意习习、深秋时节，风烟滚滚，幻化无常。每至冬春则是白雪山塬，霞光万道。

图15-3　瓦屋山景色（二）

瓦屋山四季气候分明，是游人全天候旅游的最佳境地。春看杜鹃花满山，夏观飞瀑落九天，秋赏红叶遍山红，冬睹冰雪似塞北。四季可观日出、云海等奇观。瓦屋山冰雪堪称大西南一绝，积雪时间达半年之久，冰瀑、冰帘、冰柱、冰挂、雾凇等景观十分独特。冰雪期间，游客可在瓦屋高原滑雪、玩雪、赏雪，尽享大自然赐予的盈盈乐趣。

Abstract

As an important type and special form of building a small town with Chinese characteristics, the forest town emerged in the process of rural town development and farmers' local urbanization. It is based on the forest resources, guided by ecological development, focuses on the coordination of people and nature, and will become an important choice for people to escape from the "City Disease" that is typical of smog and traffic congestion. Guided by the "Two-Mountain Theory", this book conducted a field research on 19 forest towns in five provinces (districts) in Zhejiang, Guangdong, Jiangxi, Jilin, and Guangxi, collected the "100 Most Beautiful Forest Towns in the Country". Thus it formed the overall understanding of the development history, path, effectiveness and experience of the construction of the national forest town, discovered the regional differences and stage differences in the current promotion of the construction of the forest town, and different realistic dilemmas and difficulties, and proposed future trends, basic ideas and specific strategies of the forest town's development, to provide useful practical references for the development of new urbanization roads with Chinese characteristics and rural regeneration.

Contents

I General Report

B.1 China Forest Town Development Report from
2017 to 2018   *Ni Jianwei, Zhou Chaowei, Feng Mengxia,*
Liu Congcong, Wu Mian and Xu Tingfang / 001

Abstract: The forest town is based on forest resources, guided by ecological development, and focuses on the coordination between humans and nature. It has become an important choice for people to escape from the "urban disease" characterized by increasing smog and traffic congestion. In 2017, the construction of the forest town was at a critical turning point of the transformation and upgrading process. From the exploration operations in some of the pioneering regions to the overall practice at the national level, the change of the construction from "magnificent turnaround" to "breaking out of embarrassment" has been increasingly concerned by the whole society. From an objective point of view, the further development of China's forest towns still faces many problems and challenges, such as the fact that the multiple functions of forests have not yet been effectively brought into play, the conciseness and creation of forest features have yet to be strengthened, the degree of integration with forestry reforms is insufficient, and it is difficult for the land system to adapt to forest areas or the demand of land which is for construction in the pan forest area, lack of human resources and talents cannot meet the needs of forest town construction. For this purpose, in 2018, the construction of forest towns should closely focus on the strategic goals of "Beautiful China" construction. Under the overall national and regional guidance arrangements, full consideration should be given to how to crack down on the conflict of the people's growing needs for a better life and unbalanced development; full play should be given to the enthusiasm and initiative of local construction, to the decisive role of the market in allocating resources, and to the important role of the participation of members of society in building; we should position to a high standard, plan at a high start, construct in high quality, and focus on the construction of the five dimensions of life, ecology, production, life, and culture, and lead to the development tendency of more obvious forest characteristics, more diverse forest functions, more important role of forests, and more sustainable forest life.

Keywords: Forst Town; Ecological Construction; Characteristic Industry

Ⅱ Research Reports

B.2 The Construction of a Forest Town in the Birthplace of the "Two Mountain Theory"
—*Investigation of Anji County, Zhejiang Province*
Ni Jianwei, Wang Xudong, Du Yiwen,
Zhu Feng and Chen Yunze / 032

Abstract: As the birthplace of the "Two Mountains Theory", Anji County of Zhejiang province actively explores the development path of ecological economy. Taking the emancipation of our minds as the guide,

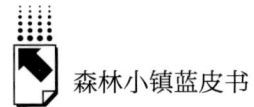

we will improve the way of scientific development; taking beautiful village as a carrier, we will create the situation of urban and rural integration; taking the industrial transformation as the support, we will enhance the strength of regional economy and explore the way for the town construction. Through the in-depth investigation of three towns, the Tianhuangping town, The Shanchuan township, and Shangshu township, we found that the construction of the forest town in Anji is guided by the scientific theory and planning, based on ecological resources advantage to achieve multiple functions, strengthens the construction measures and means of effective combination, and thus has achieved obvious effects and the preliminary construction experience. Next, we should explore actively how to achieve a closer linkage among the primary industry, the secondary industry and the tertiary industry, how to better integrate the cultural elements, how to better attract investment and other aspects, and then construct a long-term mechanism. Therefore, the research group suggests that the development pattern of the three industrial linkage should be formed: the primary industry connects the secondary industry and tertiary industry, the secondary industry promotes the primary industry and drives the tertiary industry, the tertiary industry assists the primary industry and connects the secondary industry. Then we should enhance cultural construction, and enhance local villagers' Ideological and moral quality and scientific and cultural quality. Also, we ought to attach equal importance to introduced and cultivated things and promote the cooperation among local residents, operators and managers to and jointly promote the sustainable development of the town.

Keywords: Forest Town; Forest Family; Economic Ecologicalization; Three Production Linkage; Anji

B. 3　Explore the Road to Rural Regeneration and Green Development
　　—*Survey of Guangdong Province*
　　　　　　　　　　　　　　Wang Jingxin, Yu Guojing and Yang Xin / 049

Abstract: The construction of the forest town in Guangdong province is a trend to adapt to the urban and rural extension of the national forest city, and as an important measure of rural urbanization to fill short board, that has different practices and characteristics from other parts of the country. Through the special investigation on the area such as Tan Town, Zengcheng Distinct, Guangzhou City; Gaotan Town, Huidong County, Huizhou City; Meisha Street Office, Yantian Distinct, Shenzhen City; Mingcheng Town, Gaoming Distinct, Foshan City; Datian Town, Enping City, Jiangmen City, the research group finds: the construction of forest town in Guangdong province started early, and the policy documents such as construction plan, program, declaration review procedure and evaluation index are well prepared. Besides, the organization is strict and orderly with the implementation of high efficiency and the obvious effects. It has formed three types of the forest town. The first one formed a preliminary field division and work area of state forest farm, forest tourism and recuperate base, Lingnan forest township with characteristic villages superimposed. The second one formed street office on which city fringe forest tourism base and block forest habitat environment that have unified planning, construction and management. The third one formed "five-in-one" forest township that including the forest town, the forest park, the forest leisure resort, the forest villages and the rural forest. These three types provide references and experience for the construction of national forest towns. The next step will be to promote the construction of the forest town further. It is necessary to explore the ways and methods of

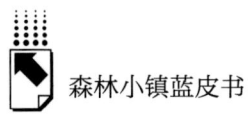

constructing the forest town's that have no administrative significance, and to explore the diversity of forest town evaluation criteria to solve the problem of construction land in forest town.

Keywords: Forest City Group; Forest Town; Characteristic Industry; Whole Domain Creation; Guangdong

B.4 Construction of Village Forest Town
　　—Survey of Hesilu Village in Yiwu City, Zhejiang Province
　　　　　　　　　　　　Ni Jianwei, Ye Mengmeng, Du Yiwen,
　　　　　　　　　　　　Hui Zhenchao and Feng Mengxia / 084

Abstract: The construction of forest town is focused on forest resources and forest characteristics, and its construction scope can be sunk to the smallest area of the village "village domain". By the field research of Hesilu Village, West Street, Yiwu City, the research group finds: Under the background of the country in full swing to carry out the construction of characteristicsmall town, Hesilu village clearly identify itself, upgrading the industrial structure timely, developing projects that conform to the characteristics ofvillage. They not only led to the development of local economy, also increase the income of residents. They explore a road for village domain to develop forest town. They won "Model village of rural tourism in China", "National ecological culture village", "Chinese beautiful countryside", "Leisure and rural tourism demonstration point in Zhejiang province", "The most beautiful village in zhejiang", "Zhejiang beautiful livable demonstration village", "Zhejiang characteristic tourism demonstration village". Their practical experience has reference value. The next step, the natural forest landscape and ecological environment of

Hesilu village should be fully utilized to bring in forest tourism, recuperation, science, leisure, health and other industries. On this basis, they should pay more attention to the construction of urban forest town in life dimension such as biodiversity pile construction.

Keywords: Village Area; Forest Town; Characteristic Industry; Yiwu

B.5 The Forest Town Construction of State-owned Forest Farm Reform Pioneer Area

—Survey of Jiangxi Province

Ni Jianwei; Feng Meixia; Yuan Lele; Liu Congcong, Hui Zhenchao and Geng Wenjia / 102

Abstract: Jiangxi is not only a province of rich forestry resources in China, but also a pioneer of reforms in forestry station. It's natural advantages of forestry resources and the first performance of reform exploration provide an solid foundation for the construction of forestry station. The research group, through the field investigation of four "forest towns" in Chashan forestry station of Tonggu in Yichun, Hongjiang town of Mingyue Moutain management committee, Mingyue Mountain forestry station of Anfu in Jian, Shuangzhen forestry station in Guixi, believes that the construction of forest town should be centered on the coordinated development of ecology, livelihood, production, life and culture and emphasizes that "the forest characteristic" should be condensed and exerted. The construction of forest town in Jiangxi has made a beneficial attempt. Through digging natural resources deeply, integrating ecological civilization with whole internalization, implementing various kinds of

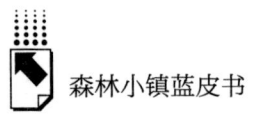

managements, improving quality and increasing efficiency of forestry, relying on the results of the reform of the nation-owned forestry station , improving the quality of life steadily, broadening the life dimension together by multi indexes, and integrating resources to create unique culture. Objectively speaking, facing the new environment and requirements of economic and social development, the construction of forest towns in Jiangxi is also facing urgent problems. Jiangxi forest town's construction will depend on nation-owned forestry station's transformation and integrate existing resources for forest town's construction; position in general, planing separately, strengthen talents' training; digging the characteristics of the industry deeply, transforming the resource advantages into economic advantages; innovating combined mode, broaden the financing channels; developing the "Internet plus" action to push the construction of intellectual forest.

Keywords: State-owned Forest Farm; Forest Town; Forest Characteristics; Jiangxi Province

B.6 Forest Village Construction in Northeast Forest Farm
  —Survey of Jilin Province
    Ni Jianwei, Chen Yunze, Zhong Tao and Yang Shi / 121

Abstract: To further explore the basic path and challenges faced by the construction of forest town in the northeast nation-owned forestry station. The research group investigated the situation of forest towns in Jilin Province, and focused on 3 typical areas, Management Bureau of Jiaohe forestry experiment area, Baihe Forestry Bureau of Huangsongpu forestry station and, Forest Management Bureau of Huinan. The survey finds that the forest resources in Jilin province are rich and the reform of nation-owned forestry station is in the key period. The forestry economy is facing the dual mission of deepening the reform and upgrading the industry. Under this background, the reform of nation-owned forestry station has begun to explore the path of the construction of the forest town, and has formed a multi-level development experience. Next, the construction of the forest town in Jilin's nation-owned forest station should focus on three difficult problems, that is, solving the problem of lack of overall planning and channels of funding sources, solving the difficulties in the integration of woodlands and conflict with existing laws and regulation , solving the lack of external attention and introduction platform.

Keywords: State-owned Forest Area; Forest Town; Industrial Upgrading; Jilin Province

B. 7 The Construction of a Forest Town in the Old Revolutionary Area on the Southwest Border
—*Survey of Guangxi Zhuang Autonomous Region*
Ni Jianwei, Zhou Chaowei / 138

Abstract: To explore the construction of forest towns which have abundant forest resources but relatively late forestry reforms. The research team conducted field research on the Guangxi Zhuang Autonomous Region and focused on the Jintian Forest Farm, the Liuwan Forest Farm, and the Gaofeng Forest Farm. The research group believes that Guangxi has a long history of forestry development, a large amount of forest resources, a high degree of richness of forest, a reasonable forestry economic structure, and a good return. It has the outstanding resource advantages and construction

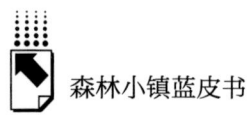

foundation for building a forest town. Under this background, Guangxi's state-owned forest farms actively explored and practiced, and innovated the development model. Through unremitting efforts of various forest farms, the prototype of the forest town has been clear and have the highlights, which focuses on the planning perfectly, having further goals, positioning innovation function area, creating the town's unique culture, and taking various measures to ensure the smooth construction of the town. In the next step, Guangxi should make three tasks actively in promoting the construction of forest towns: the first is to further integrate the reform of state-owned forest farms and do a good job in the forest farms; the second is to further expand the functions of the towns, and to combine the actual needs with strategic stockpile; the third is to further refine the characteristics of the town, build brand, and form a brand effect.

Keywords: Forest Town; State-owned Forest Farm; Border Area; Guangxi

Ⅲ   Typical Cases

B. 8   Yantian Shenzhen: Meisha Ecotourism Forest Town   / 158

Recommendation: The natural endowment of Meisha forest town is superior. Because the forest resources is rich, the natural ecology is good, the landscape is clear and the tourism facilities are complete. In the administrative region, it has the tourist attractions and aquatic sports centers such as Overseas Chinese Town East, Dameisha Beach Park, Xiaomeisha Sea World, Xiaomeisha Resort. And the hotels and tourism facilities includes International Dmeisha bay Yacht club, Interlaken, Jingji sheraton, and Kingkey bay. It is the unique characteristics of the forest and the coastal tourism and leisure resort in Guangdong Province and even the whole country.

B.9 Jiangmen Guangdong: Datian Ecotourism Forest Town

/ 163

Recommendation: Field forest town is located in the center of the west tourism economic corridor in Jiangmen Enping , Guangdong Province. Its forest coverage rate is as high as 71.63% , so it is the highest town in the forest coverage in enping because of the mild climate and wonderful natural condition. It has the largest reservoir in the pearl river delta-the Jinjiang reservoir, the natural oxygen Bar-river drainage forest farm provincial forest park and a variety of ancient tree communities. Field with abundant landscape resources and local cultural characteristics, won the "leisure agriculture and rural tourism in the town of guangdong province", "famous town of the China best ecological leisure tourism", and other honorary titles.

B.10 Dezhou Shandong: Debai Ecotourism Forest Town

/ 167

Recommendation: Debai Eco-tourism "Forest Town" (Zhuxian Village) is located in the national 4A-level scenic spot and National Forest Park Xiajin Yellow River Old Forest Park. It takes the green ecology as its basic concept and which consider the most characteristic ancient mulberry tree in Xiajin County has been listed as the world's major agricultural

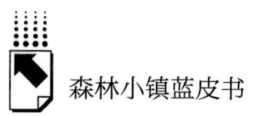

cultural heritage and the history and culture of the Qijin Alliance, to create the Qilu folk leisure experience, promote the comprehensive development of the Shen culture, the Shen industry, and enhance the level of beautiful rural construction, is the prosperity of the rural areas, a well-to-do peasant, the classic to promote the transformation and development of agriculture.

B.11　Jincheng Shanxi: Henghe Health-slow Enjoyable
　　　　Forest Town　　　　　　　　　　　　　　　　　／172

Recommendation: Henghe town boasts a long history and adheres to the "South Gate of Yangcheng". It is the cultural tourism business and trade exchange center of two provinces——Shandong and Shanxi and three counties (cities) ——Yangcheng, Yuanqu and Jiyuan. There are beautiful scenery, and views of the ancient city of Yangcheng, such as "The Analysis of the City Trees" and "The Pavilion Pavilion". There are magnificent legends like female ancestral creations, Pangu creats the Kaitian world, Dayu conquers the water, Shangtang praying rain, red heritage like Jin Yubian anti-Japanese base areas, anti-Japanese troops such as the Tang detachment, and honest, warm, hospitable people in the mountains. In recent years, Henghe town has been honored as the best natural tourism destination in China, a national cultural and ecological tourism base, and a historical and cultural town in Shanxi Province.

Contents

B.12　Guangyuan Sichuan: Tianzhaoshan Forest Recuperation
　　　　Forest Town　　　　　　　　　　　　　　　　　　　　 / 182

Recommendation: Tianzhaoshan forest town is located in the "Queen's hometown" of Lizhou District, Guangyuan, Sichuan, bordering the Sichuan, Shanxi and Gansu province. The forestry station of Tianzhaoshan is the main body of the Tianzhaoshan nation-owned forest town in Lizhou District of Guangyuan, which covers an area of 26 square kilometers, 96.5% of forest coverage, 1200 metres of average elevation, 18 degrees of average annual temperature. It radiates and drives 7 villages and 21 groups, about 32 thousand people. It's only 19 kilometers from the main city and is the nearest nation-owned forestry station and Forest Park to the main city.

B.13　Guangzhou Guangdong : Paitan Ecotourism Forest Town
　　　　　　　　　　　　　　　　　　　　　　　　　　　　　 / 186

Recommendation: Located in the north of the Yangcheng, the south of Kunshan, and the famous for abundant waxberry trees in the mountain stream the millennium ancient town gains the name of Waxberry Capital. After several changes, the name "Paitan", which is given by the Ming dynasty is still in use today. There are rich forest resources, outstanding character in ecological landscape , and ecological tourism characteristic developing in Paitan forest town, formed the features of " ecologicalvalley, leisure travel, soaking hot springs, rafting, enjoy sleeping Buddha, viewing waterfall, climbing ladders, enjoying oxygen bar, hearing legends" of ecological leisure tourism route. It is the famous

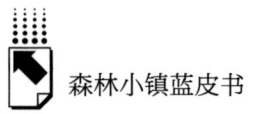

tourist destination in south China, and the remarkable emeralds in the land of south Guangdong.

B. 14　Panzhihua Sichuan: Flatland Ecology Healthy Recuperation Forest Town　/ 191

Recommendation: Pingdi Town is located in the southern border of Renhe District of Panzhihua. It is the "South Gate" of Panzhihua to Yunnan and the second-degree key town in Panzhihua's planning and construction. The total land area is 176.43 square kilometers with 15 thousand people. In recent years, in order to build a beautiful new countryside, the town of Pingdi is taking the "sightseeing, leisure vacation, green industry, healthy recuperation" as the carrier. Through constructing the Cherry Town, implementing the project of the natural forest protection and returning farmland to forest , carrying out land greening and characteristic economic forest and fruit construction, excavating folk culture, the Three Kingdoms culture and ecological culture vigorously. We should deepen the industrial integration and create a distinctive forestry station of ecology healthy recuperation.

B. 15　Meishan Sichuan: Wawushan Forest Recuperation Forest Town　/ 196

Recommendation: Wawushan Town is located in the southwestern border of the Sichuan Basin and the southwest of Hongya County in Meishan City. It is at an altitude of 800 to 2800 meters, covers an area of

731.4 square kilometers, and has a population of 17,000 people. The town has rich waters, abundant forest resources with a forest coverare rate of 92%. It is a livable waterfront town with beautiful environment, rich landscape features, and a folk customs of Western Sichuan. The territory of Wawushan is "the most beautiful Table Mountain". Su Dongpo, the famous poet in Northern Song Dynasty, praised: "The spring in the Wawushan is still covered with thick snow, and at this time Emei Mountain is shrouded in the rain"; Wawushan National Forest Park is the largest national forest park in China, known as "the kingdom of Azalea flowers", "the hometown of Chinese pigeon flowers" and "the home of the panda".

皮书系列

❖ 皮书起源 ❖

"皮书"起源于十七、十八世纪的英国,主要指官方或社会组织正式发表的重要文件或报告,多以"白皮书"命名。在中国,"皮书"这一概念被社会广泛接受,并被成功运作、发展成为一种全新的出版形态,则源于中国社会科学院社会科学文献出版社。

❖ 皮书定义 ❖

皮书是对中国与世界发展状况和热点问题进行年度监测,以专业的角度、专家的视野和实证研究方法,针对某一领域或区域现状与发展态势展开分析和预测,具备原创性、实证性、专业性、连续性、前沿性、时效性等特点的公开出版物,由一系列权威研究报告组成。

❖ 皮书作者 ❖

皮书系列的作者以中国社会科学院、著名高校、地方社会科学院的研究人员为主,多为国内一流研究机构的权威专家学者,他们的看法和观点代表了学界对中国与世界的现实和未来最高水平的解读与分析。

❖ 皮书荣誉 ❖

皮书系列已成为社会科学文献出版社的著名图书品牌和中国社会科学院的知名学术品牌。2016年,皮书系列正式列入"十三五"国家重点出版规划项目;2013~2018年,重点皮书列入中国社会科学院承担的国家哲学社会科学创新工程项目;2018年,59种院外皮书使用"中国社会科学院创新工程学术出版项目"标识。

中国皮书网

（网址：www.pishu.cn）

发布皮书研创资讯，传播皮书精彩内容
引领皮书出版潮流，打造皮书服务平台

栏目设置

关于皮书：何谓皮书、皮书分类、皮书大事记、皮书荣誉、
　　　　　皮书出版第一人、皮书编辑部

最新资讯：通知公告、新闻动态、媒体聚焦、网站专题、视频直播、下载专区

皮书研创：皮书规范、皮书选题、皮书出版、皮书研究、研创团队

皮书评奖评价：指标体系、皮书评价、皮书评奖

互动专区：皮书说、社科数托邦、皮书微博、留言板

所获荣誉

2008年、2011年，中国皮书网均在全国新闻出版业网站荣誉评选中获得"最具商业价值网站"称号；

2012年，获得"出版业网站百强"称号。

网库合一

2014年，中国皮书网与皮书数据库端口合一，实现资源共享。

权威报告·一手数据·特色资源

皮书数据库
ANNUAL REPORT(YEARBOOK) DATABASE

当代中国经济与社会发展高端智库平台

所获荣誉

- 2016年，入选"'十三五'国家重点电子出版物出版规划骨干工程"
- 2015年，荣获"搜索中国正能量 点赞2015""创新中国科技创新奖"
- 2013年，荣获"中国出版政府奖·网络出版物奖"提名奖
- 连续多年荣获中国数字出版博览会"数字出版·优秀品牌"奖

成为会员

通过网址www.pishu.com.cn访问皮书数据库网站或下载皮书数据库APP，进行手机号码验证或邮箱验证即可成为皮书数据库会员。

会员福利

- 使用手机号码首次注册的会员，账号自动充值100元体验金，可直接购买和查看数据库内容（仅限PC端）。
- 已注册用户购书后可免费获赠100元皮书数据库充值卡。刮开充值卡涂层获取充值密码，登录并进入"会员中心"—"在线充值"—"充值卡充值"，充值成功后即可购买和查看数据库内容（仅限PC端）。
- 会员福利最终解释权归社会科学文献出版社所有。

卡号：841935772864
密码：

数据库服务热线：400-008-6695
数据库服务QQ：2475522410
数据库服务邮箱：database@ssap.cn
图书销售热线：010-59367070/7028
图书服务QQ：1265056568
图书服务邮箱：duzhe@ssap.cn

基本子库 SUB DATABASE

中国社会发展数据库（下设12个子库）

全面整合国内外中国社会发展研究成果，汇聚独家统计数据、深度分析报告，涉及社会、人口、政治、教育、法律等12个领域，为了解中国社会发展动态、跟踪社会核心热点、分析社会发展趋势提供一站式资源搜索和数据分析与挖掘服务。

中国经济发展数据库（下设12个子库）

基于"皮书系列"中涉及中国经济发展的研究资料构建，内容涵盖宏观经济、农业经济、工业经济、产业经济等12个重点经济领域，为实时掌控经济运行态势、把握经济发展规律、洞察经济形势、进行经济决策提供参考和依据。

中国行业发展数据库（下设17个子库）

以中国国民经济行业分类为依据，覆盖金融业、旅游、医疗卫生、交通运输、能源矿产等100多个行业，跟踪分析国民经济相关行业市场运行状况和政策导向，汇集行业发展前沿资讯，为投资、从业及各种经济决策提供理论基础和实践指导。

中国区域发展数据库（下设6个子库）

对中国特定区域内的经济、社会、文化等领域现状与发展情况进行深度分析和预测，研究层级至县及县以下行政区，涉及地区、区域经济体、城市、农村等不同维度。为地方经济社会宏观态势研究、发展经验研究、案例分析提供数据服务。

中国文化传媒数据库（下设18个子库）

汇聚文化传媒领域专家观点、热点资讯，梳理国内外中国文化发展相关学术研究成果、一手统计数据，涵盖文化产业、新闻传播、电影娱乐、文学艺术、群众文化等18个重点研究领域。为文化传媒研究提供相关数据、研究报告和综合分析服务。

世界经济与国际关系数据库（下设6个子库）

立足"皮书系列"世界经济、国际关系相关学术资源，整合世界经济、国际政治、世界文化与科技、全球性问题、国际组织与国际法、区域研究6大领域研究成果，为世界经济与国际关系研究提供全方位数据分析，为决策和形势研判提供参考。

法律声明

"皮书系列"（含蓝皮书、绿皮书、黄皮书）之品牌由社会科学文献出版社最早使用并持续至今，现已被中国图书市场所熟知。"皮书系列"的相关商标已在中华人民共和国国家工商行政管理总局商标局注册，如LOGO（ ）、皮书、Pishu、经济蓝皮书、社会蓝皮书等。"皮书系列"图书的注册商标专用权及封面设计、版式设计的著作权均为社会科学文献出版社所有。未经社会科学文献出版社书面授权许可，任何使用与"皮书系列"图书注册商标、封面设计、版式设计相同或者近似的文字、图形或其组合的行为均系侵权行为。

经作者授权，本书的专有出版权及信息网络传播权等为社会科学文献出版社享有。未经社会科学文献出版社书面授权许可，任何就本书内容的复制、发行或以数字形式进行网络传播的行为均系侵权行为。

社会科学文献出版社将通过法律途径追究上述侵权行为的法律责任，维护自身合法权益。

欢迎社会各界人士对侵犯社会科学文献出版社上述权利的侵权行为进行举报。电话：010-59367121，电子邮箱：fawubu@ssap.cn。

社会科学文献出版社